大阪城・大坂の陣・上町台地

――北川　央　対談集――

目次

第1回

ゲスト
映画監督
田中光敏　さん

たなか・みつとし
北海道出身。大阪芸術大学卒業。ＣＭディレクターとして活躍後、２００１年、「化粧師」で映画監督デビュー。他の監督作品に「精霊流し」「火天の城」。２０１４年４月に「サクラサク」を公開予定。

＜前編＞

「ギラギラした利休」海老蔵さんしかいない

第37回モントリオール世界映画祭で最優秀芸術貢献賞を受賞した映画「利休にたずねよ」が12月7日(土)から全国で公開されます。「天下一の茶人」とたたえられた千利休の美へのあくなき情熱と若き日の恋を描いた作品。長年、上町台地に拠点を置く田中光敏監督と、旧知の大阪城天守閣研究主幹・北川央氏に、同作に込められた思いや撮影現場の裏話などについて語り合っていただきました。

田中　原作の「利休にたずねよ」が直木賞を受賞した途端、作者の山本兼一さんのもとに映画化のオファーが多く舞い込んだそうです。前作「火天の城」でもタッグを組んだ山本さんから「映画化については監督に任せるわ」と言われ大きな責任を感じるとともに、まずは山本さんに喜んでもらえる作品にしたいと思いました。ではどのような利休像を目指すのか。山本さんも私も「いわゆる『茶聖利休』ではなく、ギラギラした利休を描きたい」と意見が一致しており、それを表現できるのは歌舞伎役者の市川海老蔵さんしかいないと思いました。とはいえ、海老蔵さんは松竹のスター。映画会社の壁を越え、東映で海老蔵さんを主役に据えるのは大変なことでした。「歴史上の偉大な人物を演じる重み」から何度かお断りされましたが、海老蔵さんにキャストとして参加してもらわない限り映画はスタートしないと思いました。

北川 利休の師匠、武野紹鷗（たけのじょうおう）を市川團十郎さんが演じ、最初で最後の親子共演の映画になりましたね。

田中 團十郎さんから表千家の図書館に「資料を全部読ませてほしい」と要望があり、武野紹鷗の資料がすべて消えたそうです。非常に勉強熱心な方で、1か月かけて資料を読み込み、打ち合わせに臨まれました。

北川 歌舞伎の大看板を背負ってこられた方。息子主演の映画のために、できる限りのことをしてやろうと思われたのでしょう。

田中 海老蔵さんとは親子といえども敬語で話されていました。リハーサル時に海老蔵さんが團十郎さんのそばへ寄り、襟を正される光景を見ました。團十郎さんはなんとも言えない表情をされていましたね。

北川 昨年冬、檀れいさんと中村嘉葎雄さん、大森南朋さんが出演される大坂城のシーンの撮影現場にお邪魔しましたが、ものすごい人数のスタッフがおられ、1シーンに膨大な時間をかけることに驚きました。表題の文字から茶器まで全て「本物」にこだわられたとか。

田中 使用した名器の一つに「長次郎作　黒樂茶

碗　万代屋黒（もずやぐろ）」があります。15代目樂吉左衛門さん自身も湯を入れたことがないという非常に貴重な茶碗。何百年も前のもので、お湯を通しただけで割れかねない。そんなリスクを承知の上で映画のために使わせていただけたことには頭が下がりました。

北川　実際、現場で使うときには緊張したでしょうね。

田中　ジュラルミンケースで綿にくるまれ入っているのを、前後をガードマンで固められた奥様がスタジオに持ってこられました。本番は一度だけお湯を通す約束でした。茶せん通しは奥様がされましたが、そこで割れる可能性もあった。セットは照明から何まで全部完了した状態で「お茶碗入りまーす」と本番ですね。普通なら役者さんが最後に入って本番なんですが、この映画に関しては最後にお茶碗が入って本番でした（笑）。

北川　我々博物館が本物の資料を展示するのと同じですね。画面を通してきっと本物の迫力が伝わるでしょう。お話を聞き、ますます映画が楽しみになりました。

（2013年12月号、後編に続く）

第2回

ゲスト
映画監督
田中光敏さん

＜後編＞

利休が伝えたかった美

公開中の映画「利休にたずねよ」の田中光敏監督と大阪城天守閣研究主幹・北川央氏の対談後編。作家山本兼一氏の同名の直木賞受賞作が原作の同作品は、時の権力者をも恐れさせた千利休の美意識、美の原点を美しい映像で描き出し、今日の日本人の価値観にも訴えかけます。

田中 利休はそれまでのあでやかな茶碗や名物道具を否定し、茶碗自体の価値観を消し去りました。彼が好んだのは、「黒樂茶碗」と「赤樂茶碗」。黒樂は薄暗い茶室に入ると手だけが目立ち、黒は闇に消える。赤樂は手の色と同化し茶碗の存在がなくなる。つまりお茶というのは人が中心であって、道具に価値を置くのではない。招く人とその心を大切にしたということです。撮影時には、招く側の心、招かれる側の心が見えるか、そんなことを考えて撮っていたような気がします。

北川 完成度の高い小説を2時間の映画におさめるのは大変だったのでは。

田中 原作の印象的な言葉を残し、ほかの部分は

極力そいで、言葉と映像で見せるという手法を取りました。シンプルなせりふに、モントリオールでは「言葉の『間』が想像力をかき立て分かりやすかった」と評され嬉しかったですね。原作者の山本兼一さんは、初めて観たとき泣いてくれた。モントリオールで5回目を見て「見れば見るほど僕の作品だ」と。

表・裏・武者小路の三千家には茶道指導や利休監修などで協力いただきましたし、京都の道具屋さんには貴重な茶碗を出していただくなど皆さんの協力で出来上がった作品です。撮影場所の一つに、普段絶対に足を踏み入れることのできない「裏千家今日庵」の露地がありました。何百年もの間守ってきた美しいコケがあるのですが「クレーンを入れてでもいいからしっかり撮ってほしい」と言っていただいたことも印象深い思い出です。

北川　今、この時代に、監督がこの映画を通じて提示する利休の考え方、価値観とは。

田中　そうですね。物・お金重視の時代だからこそ、利休が理想とした「物にこだわるのではなく人の心こそが一番大切にすべきもの」という考え方に立ち戻っていかなければ。そういう意味で、この時期の公開はタイムリーだと思っています。利休が何を大切にし、守ろうとしたのか。この作品は、利休の美とはこういうものだと語るものではありません。利休の美は何かということをいくら言葉で羅列しても伝えるのは難しい。しかし、日本の風景、生活、利休のたたずまいといった映像を見たときに「昔の人はなんと美しいのだ」と思っていただけたら、それが利休の美をお客様に理解していただけたということになるのかなと思います。

北川　美しいものは美しいんだ、そこに理屈は要らない。美に対する、そういう考え方がこの作品の随所にちりばめられているように思います。大阪をホームグラウンドとする田中監督のますますのご活躍に期待しております。

（２０１４年1月号）

第3回

ゲスト OSK日本歌劇団トップスター
桜花昇ぼる さん

おうか・のぼる
奈良県斑鳩町出身。歌・踊り・芝居の3拍子そろったＯＳＫ日本歌劇団男役トップスター。子どもの頃からＯＳＫの劇場があった地元のあやめ池遊園地で遊び、舞台好きな母親に連れられＯＳＫに親しむ。
長身から繰り出されるダイナミックなダンス、長い手足を生かしたスマートなステップが魅力の実力派。

まっすぐな生き方 自分に重ね

大坂の陣で活躍し、敵の徳川方からも「真田日本一の兵（ひのもといちのつわもの）」と称賛された智将、真田幸村。今も戦国武将で随一の人気を誇る幸村を、ＯＳＫ日本歌劇団（中央区）のトップスター、桜花昇ぼるさんが演じています。数多くの役、舞台をこなす中でも「幸村役が一番好き」という桜花さんにこの役にかける思いを聞きました。

北川 桜花さんとのご縁は、２００７年８月に大阪城・上田城友好城郭提携１周年記念事業として大阪市と上田市が共同制作した歴史ミュージカル「真田幸村～夢・燃ゆる」を私が企画・監修させていただいたのがきっかけです。私が舞台作品にかかわったのはこれが初めてで、歴史の面白さ、真田幸村という戦国武将の生き様をミュージカルという形で、あまり歴史に興味がないという方々にも伝えられたらと企画しました。

「真っ赤なツツジが咲くような」赤備えの衣装に身を包む幸村役は、桜花さんの当たり役になりましたね。

桜花　2003年ごろ、たまたま天王寺区の安居神社近くに引っ越してきました。大坂夏の陣で敗れた幸村が最期を遂げた場所です。でもそのことを知ったのは後になってからで、毎日のように参拝していた近所の神社が幸村ゆかりの地だったなんて、何かの巡り合わせかもしれないと思いました。

ＯＳＫ日本歌劇団に入団して10年目に当時の親会社だった近鉄から劇団の解散を告げられ、円型大劇場があった奈良の近鉄あやめ池遊園地も閉園になりました。存続活動の結果、Ｎｅｗ　ＯＳＫが立ち上がりましたが、その経営もうまくいかなくなっていました。さまざまな苦難が次々に押し寄せる中、かつての華やかな時代を何とか取り戻したいと、必死にもがいていた時に頂いたのがこの幸村役でした。

関ヶ原合戦で敗れた幸村は、大坂冬の陣に馳せ参じるまでの14年間、高野山の麓、紀州九度山に父昌幸とともに蟄居させられます。自身の再起と「お家再興」を夢見ていた幸村の境遇が、当時の私の置かれた状況と重なりました。

私は劇団を残せるのか。いや、そんな力はないのではーと思い詰めていましたから。そんな時に舞い込んだお話に、表現者としてこの役から学べるものがあるかもしれないと思いました。演じるうちに幸村に共感し、この役にまっすぐにのめり込んでいきました。

真田幸村役の桜花さん

北川　かつてＯＳＫは、「歌の宝塚、踊りのＯＳＫ」と、宝塚歌劇団と並び称され、千日前の大阪劇場（大劇）を本拠地に大人気を博しました。東京公演がきっかけになって東京に姉妹劇団のＳＫＤも誕生し、宝塚・ＯＳＫ・ＳＫＤは三大少女歌劇とも呼ばれました。そんなＯＳＫが存続の危機にさらされた時、「Ｏ

真田幸村ゆかりの茶臼山にて

ＳＫは大阪の財産だから、灯を消してはいけない」という声があちこちで上がりました。当時、私は月刊『大阪人』（大阪都市協会発行）の編集アドバイザーを務めていましたが、編集委員会で複数の委員が力説されたことを鮮明に覚えています。90年の歴史を誇るＯＳＫはもはや立派な大阪の伝統文化なんです。

数々の作品を演じて来られた桜花さんや劇団員の皆さんが、私のような素人の作った作品をこよなく愛してくださり、とてもうれしく思っています。再演を重ねるごとに役に深みが出て、桜花さんが本物の幸村に見えてきました。

桜花　幸村は「温厚な人物」であるとともに、いざ戦（いくさ）になると、圧倒的多数の徳川勢に突っ込み、あの家康をあと一歩のところまで追い詰めた勇猛果敢な武将でした。

舞台人としてまだまだ未熟な私ですが、幸村役に挑むときは「日本一の兵」を目指す意気込みで演じています。

演じるにあたり、幸村の故郷である長野県の上田市、和歌山県の九度山町など、ゆかりの地にはできる限り足を運びました。当時の幸村がどんなことを考えていたのか。同じ場所に立つことで「場力（ばぢから）」を吸収し、体で幸村という人物を感じたいと思ったからです。

北川　まさに幸村の魂を体内に込めるわけですね。初演から7年近く経った今も、一つ一つのセリフの意味を

考え、熱心に勉強されている。本当に感心します。

桜花　幸村と違い、私は不器用な人間です。相手が間違っていると思ったら真っ向勝負し衝突してしまうこともあります。

しかしこの役を務めるにあたり、北川先生から「曲がったことは許さず、まっすぐに生きてほしい」という言葉を頂き、「間違ったことをした」と後悔したくないと思うようになりました。生き方にまで大きな影響を受けた役です。

北川　昨今は、若い女性たちの間で戦国武将が大人気です。しかも、真田幸村や石田三成、大谷吉継など「負けた」人物ばかり。強大な権力者である徳川家康にも怯むことなく敢然と立ち向かう生き方、たとえ負けても格好いい生き様が多くの人の共感を呼ぶのでしょう。

でも、まっすぐに生きた人間が負けてしまってはいけない。正しい行いをした人間が勝ち残り、生き抜くことのできる世の中にしなければいけません。私はそんな願いを桜花さんに託しました。

ＯＳＫもつらく苦しい時代があったけれども、懸命の活動が実って見事に復活を遂げた。桜花さんはまさに劇団再興の立役者です。幸村は奮闘むなしく夢を果たすことはできませんでしたが、彼が実現できなかったことを桜花さんは見事に成し遂げた。本当に素晴らしいと思います。

桜花　長く険しい道を乗り越えたＯＳＫとして、「戦国時代に生きた武将の魂」には共鳴するものがあります。

幸村のミュージカルは、団員一同気持ちが奮い立つような特別な舞台。私の人生の分岐点に出会った幸村役を、これからも大切に演じていきたいと思います。

（２０１４年２月号）

第4回

ゲスト
推理作家
有栖川有栖 さん

ありすがわ・ありす
1959年生まれ。1989年、『月光ゲーム』でデビュー。著書に第56回日本推理作家協会賞『マレー鉄道の謎』など。横溝正史ミステリ大賞、江戸川乱歩賞など数々の文学賞の選考委員も務める。
ペンネームの由来は学生時代、散策していた京都御所内の有栖川宮邸跡地から。小説家を目指す人向けの「有栖川有栖・創作塾」(大阪市西区)を主宰。

歴史と現在が同居するまちで

第8回本格ミステリ大賞を受賞した『女王国の城』(2008年)など数々のミステリ作品で知られる推理作家の有栖川有栖さんが、あこがれだった上町台地に暮らして10年。歴史と現在の人々の生活が同居するまちに強い愛着を持ち、「(歴史の声が)耳を澄ませばかすかに聴こえてくるよう」とその魅力を表現します。

今回は対談前、大阪城天守閣研究主幹の北川央氏と愛染坂、口縄坂をそぞろ歩き、「推理小説と歴史学は共通するものがある」と話が弾みました。

有栖川 生まれは東住吉区です。家族で外出して上町台地を通るたび、風情あるまち並みに「この辺りは何か違う」と子ども心に感じていました。高校は上宮高校(天王寺区)です。放課後になると、当時大阪星光学院の南にあった夕陽丘図書館に行き、そのままぶらぶら阿倍野の本屋まで歩いて本やレコードを選んだり。当時の私の豪遊コースでしたね。

北川 有栖川さんを育てた書店ですね。私も推理小説が好きで、子どもの頃は有栖川さんと同じ阿倍野の書店によく行きました。江戸川乱歩の少年探偵団シリーズやコナン・ドイルのシャーロック・ホームズシリーズ、モーリス・ルブランのアルセーヌ・ルパンシリーズなどを買ってもらい、阿部野橋から近鉄電車に乗り、さらにバスに乗り継いで帰るんですが、松原市内の自宅に着く前に読み終わってしまうんです。次の本を買ってもらうのが待ち遠しくて、待ち遠しくて、たまらなかったのを覚えています。

本を読むだけでなく、ご自分で小説を書き始めるようになったきっかけは何だったのでしょう。

有栖川　もともとはSFが好きだったんですが、ある時シャーロック・ホームズを知りました。裁判などが出てくる大人の小説です。こんな知的なヒーローを見たことがなく、のめり込みました。

ちょうど思春期にさしかかり、勉強や友達といった悩みを抱えていた頃です。つらい現実から逃げずに、「魔法を使わなくても、やりようによっては現実をひっくり返せる」と逆転の機会を狙うような推理小説ならではの視点にも魅せられました。

自分でトリックを考えて書く面白さも知り、初めて長編を完成させたのは中学3年の時です。受験勉強なんかまるでせず、「勉強は普通のやつがやるもんや。俺は違う」とか言いながら小説書いてて…アホですよ（笑）。

北川　歴史学なら謎や疑問が先にあり、我々は史料を駆使してそれを解明していくのですが、推理作家はその「謎」を自分でつくらなくてはいけません。発想はどこから湧いてくるのですか。

有栖川　謎を考えるのは最後です。まずは、「こういう時に人は錯覚する」とか「こういうことをみんな見落としがちだ」という使えそうな原理を考える。そしてそれがうまく効果的に働くためにはどのようなシチュエーションや謎がよいかを逆算するんです。
　自分だけ迷路を反対からたどるようなものですね。

北川　なるほど。読者とは逆向きの思考で考えるのですね。
　「謎解き」という点で推理小説と歴史学は通じる部分があるように思います。そういえば、大学の学部生の頃、社会学の授業で専攻を聞かれ、私が「歴史学です」と答えたら、先生から「あなたは推理小説が好きでしょう」とズバリ指摘されたのを思い出しました。
　短編集『幻坂』（２０１３年）では天王寺七坂を舞台に、それぞれの坂が秘めた歴史や個性を生かしたご当地ものの怪談作品にも挑戦されましたね。

有栖川　生まれ育った大阪をきちんと書きたいと以前から思っていました。人の営みがある実在の坂ですからね、「怖かった」だけで終わる作品にはせず、ホロリとしたり笑えたり、色々なテーマを織り交ぜ〝怪談らしい風情〟のある作品にしたつもりです。

北川　大阪は怪談とは無縁のまちと思われがちですが、調べてみると結構あるものです。

　大阪城にも実は多くの怪談話が伝えられています。江戸時代の大坂城にはたくさんの化け物が棲んでいたようで、大坂城に着任した譜代大名・旗本たちの間で化け物のことが語り継がれてきました。化け物たちの正体は豊臣家ゆかりの人々の亡霊だったようです。

有栖川　『幻坂』を書いていて、上町台地には聖徳太子以前の大阪の原風景から松尾芭蕉、織田作之助まで日本の歴史が全部出てくることにあらためて感嘆しました。
　こういう土地は他にないでしょうね。京都にも負けてない。どや！　と誇りに思いますね。

北川　ぜいたくな所だと思います。奈良時代だけ、鎌倉時代だけというのではなく、古代から現代に至るまで日本の歴史の大きな流れに深く関わっている。こんな場所、なかなかよそにはありません。
上町台地の場合、寺社が多いので、風景も昔と大きく変わっていません。江戸時代の大坂の風景を描いた『浪花百景』という錦絵のシリーズ作品があるのですが、そこに描かれた風景と現在を比較すると、上町台地のお寺や神社の風景はそのままだったりします。都心部ではすっかり変わってしまい、昔の面影などまったくないのに、寺社はそのまま。お寺や神社って、まさにタイムカプセルだと思いました。

有栖川 大阪はもともと半島状に突き出た上町台地だけが陸地だったようなまち。最も古い「大阪の中の大阪」に我々は今、暮らしているわけです。
まちのあちこちで歴史の痕跡をたどることができますが、観光地化していないのもいい。こちらが探して訪ねて行ったらやっと見つかる感じがいいんです。
古い歴史を持つにもかかわらず、奈良や京都のように「古都」と呼ばれることもありません。たくさんの人が住み、車が走り、お店もある。にぎやかでエネルギッシュな〝現役〟であり続けているまちだと思います。

北川 有栖川作品を通して初めてこの地域の奥深さを知り、興味を持たれた方もあるのではないでしょうか。大阪を舞台にした次なる作品を期待しています。

口縄坂にて

有栖川 かの有名なロンドン塔のように、ミステリの舞台になるというのは大変名誉なこと。今度、「上町台地で連続殺人事件」でも書いてみましょうか（笑）。

（２０１４年３月号）

第5回

ゲスト

玉造稲荷神社宮司

鈴木一男 さん

すずき・かずお
1970年国学院大学文学部神道学科を卒業し、同年玉造稲荷神社の禰宜（ねぎ）に任命される。1984年に祖父の後を継ぎ、同神社の宮司に就任。

豊臣秀頼の復権を目指して

今月のゲストは、玉造稲荷神社の鈴木一男宮司です。社歴２０００年の同神社は、豊臣・徳川時代を通して大坂城の鎮守社とされてきました。

そんな由緒ある玉造稲荷神社と大阪城との関わりなどについて、大阪城天守閣研究主幹・北川央氏が話を伺いました。

鈴木 社伝によると、創祀は紀元前12年秋。豊臣時代には大坂城の南に位置し、お城と縁の深い神社とされています。

しかし大坂夏の陣と大阪大空襲でこの辺りはことごとく焼けてしまいました。書き物等の資料は一切残っておりませんが、先代宮司であった祖父が「太閤さん（豊臣秀吉）が『お宮を維持していけなくなった時は、（信仰の対象である）本殿のキツネの置物を持って回れ』と言い残された」と申しておりました。しかし、その置物も本殿とともに焼失してしまいました。

秀吉の大坂城築城の際に、この辺りは三の丸に組み込まれたと聞きますが、城内の一画であったこの場所に一般庶民がお参りできる神社が本当にあったのでしょうか。

北川　『摂津名所図会』や『摂陽奇観』などによると、元は現在の社地から900mほど南西の味原郷に鎮座していたということです。そこから現社地に移ったのは寛永8(1631)年のことだそうです。

江戸時代には城代、定番(じょうばん)、加番といった役職に就いた大名たちが大坂城に着任しました。彼らの屋敷にはそれぞれ稲荷の祠(ほこら)があり、玉造稲荷神社の代々の宮司が、それらの祠の日常的な祭礼を執り行いました。毎年の年頭や6月末の夏越大祓(なごしのおおはらえ)には、大坂城に祈祷札を届けたことも分かっています。

大坂城と玉造稲荷神社が特別な関係にあったことは間違いありません。

鈴木　学問的な裏付けがありますと非常に心強く感じます。

豊臣家との関係をしのぶものとして、境内には淀殿が豊臣秀頼を出産した際の胞衣(えな＝胎盤・卵膜など)を埋めた「胞衣塚」、そして慶長8(1603)年に秀頼が神社を復興した際に寄進した石鳥居が残るのみです。

玉造稲荷神社境内の豊臣秀頼銅像

また、玉造にはかつて千利休の大坂屋敷があったことから「千利休顕彰碑」を建立したり、近年には井戸「利休井」を復元したりもしました。この一帯は「清水谷」などの地名が残るように、良質の水が得られたようです。『摂津名所図会大成』によると、玉造稲荷神社の近く

「だんご茶会」での鈴木宮司（右）と北川氏

に「千利休宅古趾」があり、そこには「利休井」と呼ばれる井戸があって、利休はその井戸から水を汲んで、ふだんの茶の湯に用いたと記されています。

当神社には、秀吉や秀頼、淀殿などが生駒山系を眺めながら利休のお手前で茶会を催していたとの伝承があります。そんな当時の風情を味わっていただこうと毎年10月、利休碑前で裏千家による「だんご茶会」も開催しています。

古代から近世までの豊かな歴史がこの玉造には根付いており、さまざまな史実に肉付けする形で私たちもいろいろと取り組んできました。

北川 玉造地区には前田、宇喜多、鍋島、島津、細川家など大々名の屋敷がありましたが、痕跡と呼べるのは細川忠興屋敷跡の「越中井」くらいです。記録があっても、石碑のようなモノがないと、大体の場所さえ分かりませんし、訪ねてみようという気にもなりません。

その意味で、「越中井」は貴重な史跡ですし、記念碑を建てるという作業も大きな意味を持つと思います。

鈴木 大阪城天守閣復興80周年を迎えた２０１１年には、北川先生のご尽力もあり、境内に秀頼の銅像もできました。

北川 淀殿の溺愛を受け、マザコンでひ弱なイメージができてしまっている秀頼ですが、当時の史料を見ていると実際は全然違います。背が高く堂々とした体格の持ち主で、大名たちはもちろん一般庶民からも高い声望を得ていたようです。

秀頼が19歳のとき、京都・二条城で対面した徳川家康は「立派な青年武将に成長し、素晴らしい器量の持ち主。とても他人の命令に従うような人物ではない」と驚いています。

玉造稲荷神社は豊臣時代以来の大坂城の鎮守ですし、胞衣塚もあり、豊臣秀頼が復興した神社。秀頼像の設置場所として、これほどふさわしい所はありません。

鈴木 銅像は東京芸術大学大学美術館所蔵の豊臣秀頼画像をもとに、文化勲章受章者の彫刻家中村晋也先生に造っていただきました。絵画よりも銅像の方がより実像に近い印象を受けるのでしょうか。銅像を見るために遠くから訪ねて来られる参拝客もいらっしゃいます。

この銅像が秀頼の復権とこれまでのイメージの払拭（ふっしょく）に貢献してくれることを期待しています。

北川 例えば大坂の陣に関することでも、我々がこれまで教えられてきたことは、勝者である徳川幕府が編さんした『徳川実紀』が根拠であったりします。いわば徳川史観に基づくものです。

秀頼は摂津・河内・和泉の一大名に転落したといわれてきましたが、実際にはそうではなかった。徳川家を凌ぐ家格を維持し、家康が自分の目の黒いうちに何とか倒さねばならないと思ったほど、大きな存在感のある人物だったのです。

そうなると「大坂の陣」という戦いが持つ意味も当然変わってきます。秀頼の本当の実像を、銅像とともに多くの人に伝えていけたらいいですね。

（2014年4月号）

第6回

ゲスト
ちんどん屋
林幸治郎さん

はやし・こうじろう
1956年、福岡市生まれ。立命館大学在学中、「ちんどん屋研究会」をつくる。卒業後、大阪のちんどん屋「青空宣伝社」に住み込み修業。84年、「ちんどん通信社」を旗揚げ。94年放映のNHKドラマ「青空にちんどん」のモデルにもなった。富山・全日本チンドンコンクール最多優勝。国内外の街角、店頭に立ち、ユニークな発想と人望でちんどん業界をリードしている。

ちんどん屋のルーツ　瓦版に

大坂夏の陣（1615年）では、わが国初の「瓦版」が発行され、日本史における転機となった豊臣大坂城の落城を人々に伝えたといわれています。

今回のゲストは楽劇団「東西屋　ちんどん通信社」代表の林幸治郎さん。記事の内容を語って売るという瓦版売りのスタイルを「まさにちんどん屋の原点」という林さん。中央区の空堀に構える事務所を拠点に〝歩く広告宣伝業〟として全国津々浦々をめぐる林さんに大阪城天守閣館長の北川央氏が話を聞きました。

林　福岡・博多の商店街に生まれ育ちました。実家は金物屋です。高校は県立修猷館高校で、かつては黒田藩の藩校だった伝統校。落ちこぼれでしたが、文武両道の名の下に「立身出世」を目指す高い志の校風に学びました。

商店街や博多湾に面した寺町、福岡城の天守台跡が当時の遊び場でした。多聞櫓が専門学校の校舎になっていたり、城内に黒田二十四騎（黒田藩創業期の精鋭家臣団）の一人、母里太兵衛の屋敷の長屋門が移築されていたり。そういうものを見て育ちました。

小学生の時、親について大阪の金物問屋の見本市に行き、終わってから大阪城を見に行きました。立派な大手門や高い石垣、巨大な建造物に驚愕したのを覚えています。

北川 黒田二十四騎と言えば、秀吉の軍師として名高い黒田官兵衛の嫡男黒田長政に仕えた重臣たちですが、さらにその中から選び抜かれた精鋭を「黒田八虎」といいます。後藤又兵衛はその一人で、大坂冬の陣勃発に際して大坂城に入り、冬の陣、夏の

陣で真田幸村と並ぶ勇猛果敢な活躍を見せました。

父を早くに亡くした又兵衛は官兵衛に引き取られ、我が子同然に育てられました。官兵衛の実子長政とは兄弟同然の関係でしたが、官兵衛の死後、又兵衛は長政と不和になり、黒田家を出奔しました。それなのに、黒田家六代藩主の継高が黒田家創業の功臣二十四人を選ぶとき、又兵衛をその中に入れたのです。黒田家を裏切り、後ろ足で砂をかけて出ていったような人間を普通は選ばないと思うのですが、懐が深いというか、なかなかできないことですね。

林 黒田節はご存じですか。「酒は呑（の）め　呑め　呑むならば　日本一（ひのもといち）のこの槍を　呑み取るほどに呑むならば　これぞ真の黒田武士」。福岡で歌われる民謡です。この黒田節に描かれる母里太兵衛は黒田藩きっての酒豪。福岡の家庭の床の間には必ず槍と杯を抱えた太兵衛の人形が置いてあるというくらい浸透しているんです。

北川 「日本一のこの槍」とは、今も福岡市博物館に所蔵される大身槍「日本号」のことで、3m20cmもある長大な槍です。刀が「武士の魂」と言われるのは江戸時代になってからで、戦国時代は槍こそ

が武将たちの象徴でした。この「日本号」の槍を賭けて福島正則と母里太兵衛が呑み比べをして、太兵衛が見事に呑み勝ったと伝えられます。後藤又兵衛は黒田家領内で1万石を領する大隈城主でしたが、又兵衛が黒田家を出奔したあとは、太兵衛が大隈城主になっています。

ところで、林さんがちんどん屋に興味を持たれたのは学生時代ですか。

林 そうです。京都の立命館大学在学中、下宿のアパートの前をトランペットのちんどん屋が通りかかりました。「まだあるんだ」と驚くと同時にその音色に強く引かれました。音楽的に非常に面白いと。

そこから色々ちんどん屋のことを調べ始めました。それまでニューオリンズジャズをやっていたのですが、仲間と鴨川の河川敷でチンドン音楽の練習をしてみると、どんどん人が集まってくるわけです。それを聞きつけた近くの出町柳の商店街が「うちのイベントに出てほしい」と。それが始まりです。

北川 ちんどん屋の歴史は幕末の弘化2（1845）年、大坂の千日前で活躍した「飴勝」が飴売りの口上を使って他の店の宣伝を行ったことに始まると伝えられます。

その後を継いだ「勇亀」が、宣伝の前に拍子木を打ち鳴らし、芝居の口上よろしく「トザイ、トウザイ…」とやったことから「東西屋」の名称が確立し、昭和に入って「ちんどん屋」に取って変わられるまで、大阪では「東西屋」と呼ばれました。

明治期の大阪では、丹波屋くり丸と薩摩屋いも助という2人の東西屋が活躍しました。当時の引札（チラシ）が大阪城天守閣にあり、これを目にしたのがきっかけで私もちんどん屋に興味を持つようになりました。

林 30年ほど前までは、私たちがまちを歩いていても「東西屋さんが来た」と高齢の方に声をかけられました。「東西屋さんなら口上言ってよ」とも。口上は廃れていましたが、調べてみると、講談や落語、浪曲などをもとにした口上の妙で客を引き付けていたことが分かりました。

私としては「東西屋の口上をやらねば人生終えられない」と思っていた矢先に、北川先生から瓦版売りのテーマを与えられたんです。

北川 3年前にテーマ展「瓦版にみる　幕末大坂の事件史・災害史」を開催するにあたり、ただ瓦版を展示するのではなく、口上をつけた当時の瓦版売りの様子を再現すれば来館者の興味もさらに深まるだろうと考えました。これを頼めるのは林さんしかいないと、当時の扮装も含めてお願いしたんです。

「楽屋」さながらの事務所で道具類を説明する林氏と北川氏（右）

天守閣前で披露いただいたパフォーマンスは非常に好評でしたね。

林 なんとかもっとそれらしい瓦版売りを再現しようと今も勉強中です。しかし、やればやるほど瓦版売りはちんどん屋の原点に当たるな、との思いが強くなりました。

当時、路上で声を出して語っていた人というのは、何か芸能に携わっていた人だったのではないでしょうか。

売り子は2人1組で、深い編笠で顔を隠していました。社会風刺とか幕政批判といった意味の込められた瓦版も多くありましたから。

北川 斜陽化していたちんどん業界ですが、林さんたちの活躍で盛り返してきましたね。

林 不動産屋や熱帯魚屋、「猫を探してほしい」なんていう仕事まで、各地のさまざまな業種から依頼があり、ありがたいことです。

黒田藩の藩校に学んだというプライドが今も自分の中に息づいています。どんなジャンルであれ、その名に恥じない仕事をしていこうと思っています。

（2014年5月号）

第7回

ゲスト
時代小説作家
築山桂 さん

つきやま・けい
京都府生まれ。大阪大学文学部卒業。同大学院文学研究科博士課程単位取得。著書に「浪華疾風伝あかね」「浪華の翔風」など。
シリーズ「緒方洪庵・浪華の事件帳」は2009年、ＮＨＫ土曜時代劇「浪花の華〜緒方洪庵事件帳」としてドラマ化された。趣味は雅楽。

江戸時代の大坂
「町人のまち」だけじゃない

時代小説や歴史小説の多くが江戸を舞台とする中で、作家の築山桂さんは〈江戸時代の大坂〉にこだわった作品を書き続けています。大坂の陣後、戦で荒れ果てたまちが復興し新しい時代、文化が花開いていく近世の大坂。作品には、将軍のいた江戸や天皇のいた京都とも異なり「町人が主人公」であった時代の大坂のまちと人がいきいきと描かれます。

今回の対談は四天王寺のご厚意により、新緑間近の美しい庭園を望む本坊の一室で行われました。

築山 子どもの頃から新撰組や真田幸村が好きな「歴女」でした。特に勧善懲悪もの、忍者ものが好きで、チャンバラ好きだった親が見ていたテレビの時代劇にも影響されましたね。

北川 うちの両親は歴史に全く興味がありませんでした。子どもの頃、私は漫画ばかり読んでいて、とりわけ梶原一騎原作の『巨人の星』『タイガーマスク』がいちばんのお気に入りでした。母によく、「漫画ばかり読まずに、ちゃんとした本も読みなさい」と叱られたので、何とか怒られずに漫画を読む方法はないかと考えた挙句、これなら大丈夫だろうと買ったのが、和歌森太郎先生監修の集英社版『学習漫画　日本の歴史』でした。なぜかこのとき1巻が本屋に置いてなくて、買ったのは2巻の「花さく奈良の都」（飛鳥・奈良時代）と3巻の「貴族の黄金時代」（平安時代）でした。もちろん中身の漫画もおもしろかったのですが、それ以上に私の心を捉えたのは口絵のお寺や仏像の写真でした。

小学5年生のときのことで、その年の学校の創立記念日に母方の祖父母にねだって、母や弟も一緒に法隆寺・中宮寺・法輪寺・法起寺をめぐりました。本物はやはり写真以上にすばらしく、感動してすっかり病み付きになり、土・日ごとに飛鳥や奈良、京都のお寺めぐりに出かけました。Aクラスの著名なお寺は小・中学生時代に行き尽くしました。同級生に「年寄りになったらどうすんねん。やることなくなるで」と心配されましたが、お蔭さまで、この年齢になっても、日本全国、訪ねたいお寺はまだまだたくさん残っています（笑）。

築山　1970年代後半に放映された「柳生一族の陰謀」はご存知ですか。

北川　千葉真一が主役の柳生十兵衛を演じ、志穂美悦子も出ていた作品ですね。そういえば、志穂美悦子は柳生十兵衛の妹役でしたが、名前は「茜」で、築山さんの小説「浪華疾風伝あかね」のヒロインと同じですね。

築山　「浪華疾風伝」のあかねは豊臣家の血を引く姫です。格好いい女の子といえば「茜」だろうと、志穂美さんの役名から拝借しました（笑）。

大学の専攻は日本近世史です。中世にも引かれましたが

史料が少なく、圧倒的に史料の多い近世なら自分だけのテーマを持てるだろうと、近世を選びました。

北川 大坂を舞台に小説を書くことについて、出版社から「江戸がはやりだから大坂ではなく江戸を舞台にして書くように」と何度も言われたとか。

築山 「時代小説は江戸を舞台にするのが当たり前」とか「読者が好むのは江戸情緒だけ」と考える人が、残念ながら多いようです。

それでも私はあえて大坂を書きたいと思いました。江戸にも京都にもない、大坂にしかない特徴を探していましたら、近世史料の中に「楽人」という文字を見つけ、「これだ」と。それが四天王寺雅楽との出会いでした。

北川 四天王寺の「天王寺楽所（がくそ）」が継承する雅楽ですね。築山さんの作品には、「在天別流」という古代以来の大坂の守護神集団が登場しますが、これは天王寺楽所がモデルですね。

築山 そうです。「大坂を千年も昔から守ってきた誇り高き人たち」という設定です。

雅楽会は各地にありますが、「天王寺楽所」は1400年の歴史を持つ由緒と伝統ある集団。もっと知りたいと、楽所が開設する雅楽練習所に私も入所し、笙（しょう）を数年間学びました。

古代から続いてきたものを現代人の私も教えてもらえるのだと、本当の歴史の重みを肌で感じ感動しました。

北川 大坂は古代以来、歴史が幾重にも層になって成り立っているまちです。近世初頭に開発された船場のようなまちがある一方で、難波宮の時代のようなはるか以前から連綿と続く上町台地のような場所がある。

築山さんの作品を読んでいると、古代以来の「在天別流」が近世の大坂のまちで活躍するなど、重層的な大坂の歴史が一つの物語に織り込まれているような印象を受けます。

江戸時代の大坂城

築山 とはいえ、江戸時代の大坂といえばやはり「町人文化」「商売のまち」のイメージです。でもそれだけではありませんよね。

北川　船場の商人中心のイメージにとらわれ過ぎて、見落とされてきたことも多くあります。例えば江戸時代の大坂城の機能やたくさんの武士たちの存在です。

　江戸時代の大坂は幕府の直轄領となり、大坂城には江戸の老中や京都所司代に匹敵する大坂城代や副城代の大坂定番、さらに幕府正規軍の大番、大番の加勢である加番などが配置されました。これらの役職に就いた譜代大名や旗本たちが家臣団や家族を率いて、交代で着任したのです。

築山　大坂城内に日常的に駐留した武士だけでも相当の数ですよね。トップである城代の権限も大きかったでしょう。

四天王寺六時堂前にて

北川　城代の役割は西国全域の支配で、西国有事の際には、大坂城代に西国諸大名への軍事指揮権が与えられていました。また、大坂には各藩の大坂屋敷（蔵屋敷）が置かれましたが、西国諸藩の場合、幕府からの情報がまず大坂城代に伝えられ、城代から各藩の大坂屋敷に、そこから本国へ通達されるという情報伝達ルートがありました。大坂城代は西日本全域を管轄する幕府の重職だったのです。

　大阪城天守閣では、現在、江戸時代の大坂城の実態調査を行っています。城代や定番、大番、加番になった大名の地元に足を運び、公用日記などを調べているのですが、棋士の安井算哲（のちの天文学者渋川春海）が頻繁に大坂城に碁を打ちに来ています。平和な時代の大坂城の記録も面白いですよ。

築山　すごく興味が引かれます。取材も兼ねて、想像を膨らませながら大阪城や四天王寺など上町台地を歩き回っています。次回作もどうぞご期待ください。

（２０１４年６月号）

第8回

ゲスト
映画監督
加島幹也 さん

かしま・みきや
1956年生まれ。81年東映京都撮影所に入り、翌年松竹京都映画助監督部入社。監督作品に「鬼平犯科帳」「鞍馬天狗」「喧嘩屋右近」シリーズなど時代劇多数。また「近畿は美しく」「歴史街道」「真珠の小箱」など紀行・歴史番組なども幅広く手がける。
日本映画監督協会会員。京都市在住。

職人技の集積　時代劇の再興を

「火付け盗賊改め、長谷川平蔵である！」の決めぜりふで知られる「鬼平犯科帳」や「剣客商売」「必殺仕事人」などかつて全盛を誇ったテレビ時代劇を懐かしむ方は多いのではないでしょうか。

時代劇は単なる勧善懲悪ではなく、日本人の正義感や情の深さ、心の機微も描き出す骨太の人間ドラマでもあります。

今回のゲストは、「鬼平」シリーズをはじめ数多くの時代劇・番組製作を手がけた映画監督の加島幹也氏。作品づくりや時代劇再興への思いを語っていただきました。聞き手は大阪城天守閣の北川央館長。

北川　私はもともと史実にそぐわない時代小説や時代劇はあまり好きではなかったのですが、2006年に大阪城と長野県の上田城が友好城郭提携を結んだのを機に、上田市内にある池波正太郎真田太平記館の企画にもかかわるようになり、それ以来池波作品を読むようになって、すっかりファンになりました。

「鬼平」シリーズは今でもよく再放送されますの

で、私も大好きで、しょっちゅう見ています。原作者の池波正太郎さんは盗賊にも美学を持たせていて、必要悪を認めるスタンスで人間を描いていますね。

加島 助監督の仕事って、最初は一番下の「サード」でカチンコを鳴らす役から始めて、「セカンド」「チーフ」と上がっていくんです。「鬼平」にはチーフで入り、3シリーズ目で監督をしました。

池波さんの描き方は「良いことをする一方で悪いことをするのも人間」「罪を犯すにもそれなりの理由がある」というもの。深く描けるし幅の出る作品でした。主人公の鬼平役を中村吉右衛門さんが務めたシリーズは特に好評でしたね。

北川 もともと映画好きでこの道に進まれたのですか。

加島 美大出身の父が趣味で油絵を描いており、家にはモネやゴッホなどの画集がたくさんありました。絵的なセンスが培われたのは父の影響かもしれません。映画が娯楽の中心だった時代で、毎週のように家族と映画館に行きました。子どもながらに胸を打たれることが多く、「映画っていいもんだな」と。

大学卒業後、就職難ということもあり、いろんな職を転々としました。映画の仕事をしたいと思い続けていましたが、コネや紹介がないとなかなか入れない世界。半ばあきらめかけていましたが、ある時「どんな世界か一度味わってみないと死んでも死にきれない」と意を決し、東映の京都撮影所に電話したんです。案の定、門前払いだったのですが、「お金はいらないので働かせてほしい」と食い下がりました。25歳の時です。

助監督の仕事ではなかったのですが、役者への連絡や身の回りの世話をする演技事務の仕事を任されました。当時は、ハンチング帽を粋にかぶった「活動屋」と呼ばれる独特の雰囲気を持つ人が撮影所を闊歩（かっぽ）していました。思い描いていた通りの映画人ばかり。東映にいたのは1年足らずで、松竹へと移ったのですが、本当に濃密な日々でした。

北川 加島さんとは朝日放送の「歴史街道～ロマンへの扉～」（1994～2009年放送）でご一緒しました。

近畿一円とその周辺地域の歴史や文化の魅力を伝える番組で、私は番組の立ち上げ段階から企画協力していました。大阪城をテーマに加島さんに撮っていただいたこともありましたね。

加島 実は小中高と12年間、大阪城の前にある追手門学院に通っていました。教室の窓からは大阪城の乾櫓が見え、耐寒マラソンやサークル活動などで大阪城公園をよく利用しましたよ。

ロケでは、現在の大阪城のほとんどの遺構が豊臣秀吉築城のものではないことを初めて知り、驚きました。大阪城は上町台地にそびえる象徴。そのかたわらで勉強していたことは誇りであり、またご縁があり番組を作らせてもらえるなんて夢にも思いませんでした。

北川 「歴史街道」は実質2分弱という短い番組でありながら、美しい映像が印象に残る力のこもった番組でした。

加島 「関西は歴史の宝庫」というのが番組のうたい文句で、それぞれの地域の歴史や魅力を発掘する番組でした。

北川 加島さんをはじめ歴代の監督やディレクターたちが映像美に強くこだわったのも、長く愛される番組となったゆえんでしょうね。

加島 もう一山越えたらもっといい風景があるかもしれない。いい絵が撮れるかもしれないと思うんです。

夕日や朝日の斜光は必ず撮りますし、まちの感じが伝わる俯瞰（ふかん）も押さえます。光線の美しい時間帯も意識して探すようにしています。下見には特に念を入れています。「ここまでしなくても」

と思うこともありますが、どこで妥協するか、自分との戦いなんです。

北川　それなりの仕事では自分が納得しない。研究者として私も共感するところがあります。現在の加島さんは、新しい映画の製作に取りかかっておられるとか。

加島　浅田次郎さんの代表作の一つで、京都・島原の遊郭が舞台の「輪違屋糸里」を映画化したいと考えているところです。「低迷する時代劇を再生しよう」と結成された製作委員会で企画するものです。

大阪城天守閣をバックに

時代劇は裏方も含め職人芸の集積があってこそ成り立つ世界。撮影する場がなければ、その技を受け継いでいくのが厳しい状況です。

北川　和食がユネスコの無形文化遺産に登録されたように、時代劇も日本の伝統文化として再評価されるべきだと思います。ファンの一人として、私も時代劇の復興を切に願っています。

（２０１４年７月号）

第9回

ゲスト

玲月流　篠笛奏者

森田玲　さん

もりた・あきら
1976年生まれ。岸和田高校、京都大学農学部卒業。篠笛の演奏・指導・販売を行う㈱「民の謡（たみのうた）」（京都市／支店・岸和田）代表取締役。篠笛奏者として平成24年度文化庁芸術祭大衆芸能部門新人賞受賞、平成26年度京都市芸術文化特別奨励者。「地域文化の継承・発展に貢献したい」との思いから摂河泉域の神賑行事や伊勢大神楽などの研究も行っている。

岸和田のだんじり祭 幼き日の高揚感今も

大阪市域や府内各地の祭で曳き出される地車（だんじり）。中でも毎年9月に行われる「岸和田祭」（岸城神社）は岸和田城下を疾走する地車曳行（えいこう）の勇壮さで知られています。地車を勢いよく曲がり角に曳き込み、豪快に向きを変える「やりまわし」、曳き手を鼓舞する笛や太鼓、鉦（かね）のお囃子（はやし）――。幼い頃から慣れ親しんだ祭に大きな影響を受け岸和田でも店を営む篠笛奏者の森田玲さんは「地車が僕の原点。一年のすべてが『だんじり』のためにあった」といいます。自身の体験をもとに篠笛奏者として活躍する森田さんに、大阪城天守閣館長の北川央氏が話を聞きました。

森田　大学に入学するまで泉州地域からほとんど外に出ることがなく、岸和田祭文化圏にどっぷりつかって育ちました。母が岸和田市八木（やぎ）の出身でしたから、お腹にいたときから笛や太鼓の音を聞き、物心ついた頃には地車の長い綱の先を握っていました。

ゆっくりとした太鼓の拍子が切り替わって「トン

コトン、トンコトン」と速くなり、一斉にバッと動き出す瞬間があるんです。でも子どもが握る曳き綱はものすごく長くて、遠くで鳴っている笛と太鼓の音はほとんど聞こえません。皆は周りの大人に「動いた、行け」と言われて動くのですが、僕はそれが嫌で。言われたから動くのではなく、耳を澄まし、音が切り替わったのを自分で聞いて綱に力を入れていました。この頃に耳が鍛えられたのでしょうか（笑）。

北川 せっかく京都大学に進学されたのに、いったん中退してまで楽器店「民の謡（たみのうた）」を立ち上げたのはなぜですか。

森田 大学進学後のある年、ふと岸和田祭を見に行くと、笛の音曲と音色に違和感を覚えました。調べてみると、標準の太さより細い笛が使われるようになっていて、細い笛では高い音がよく出る代わりに、低い音が裏返って出にくくなっていました。そのために、低い音を吹かずに途中の一部の旋律だけを繰り返し吹いたのです。これでは曲にならない。太鼓の拍子もおかしくなっていました。現在では「走ってなんぼ」と思われている祭ですから、昔に比べて楽器にこだわる人はあまりいません。でも「岸和田の祭は世界一」だと思っていた僕は見過ごせず、「これは大学にいる場合じゃないぞ」と。本来の祭の音を出すために必要な楽器を売ろうと、篠笛の専門店を始めたわけです。

北川 祭が崩れているのを見て、このまま放置しておくと大変なことになると危機感を覚えて楽

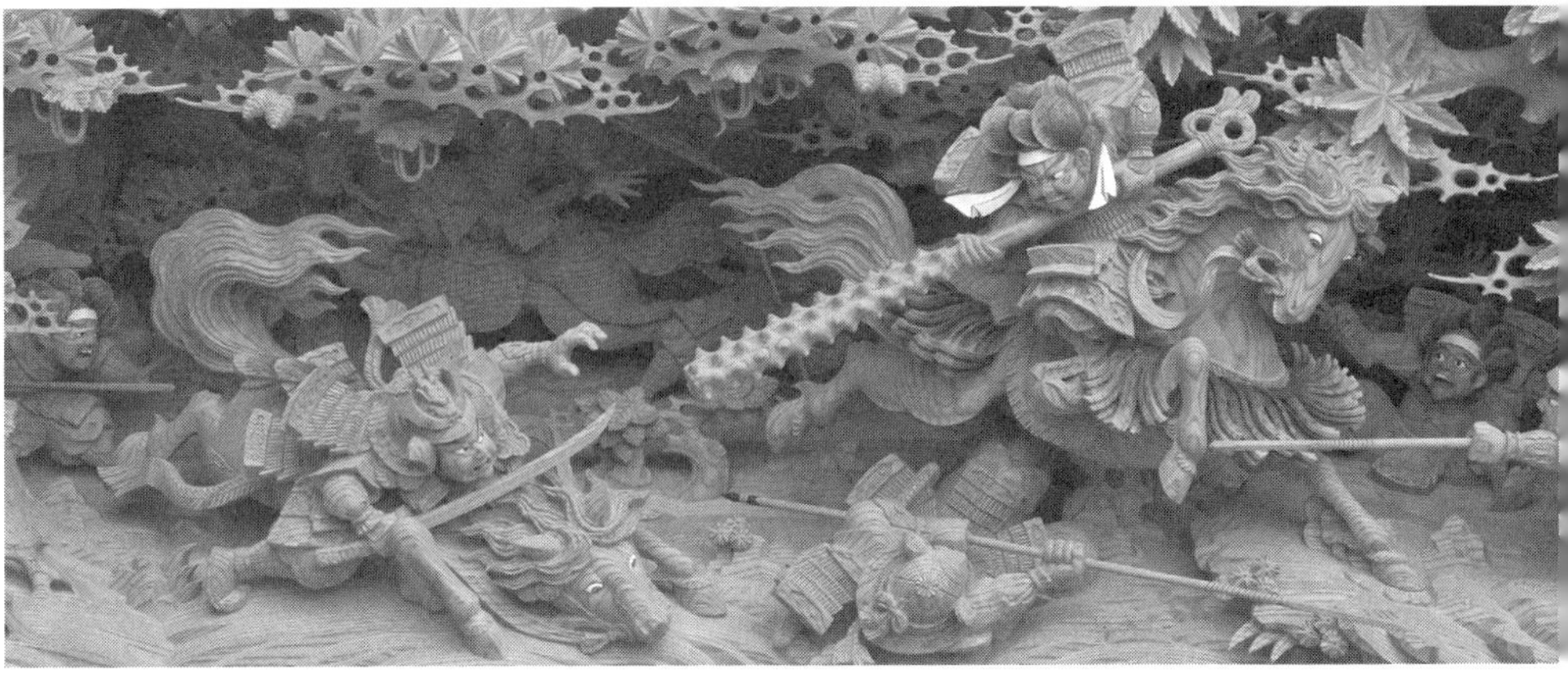

地車の彫刻（一部）

器屋を創業し、さらに篠笛奏者にまでなってしまったのですね（笑）。祭囃子はそれぞれの地域のアイデンティティーです。どの地域にも長い年月をかけて培われてきたお囃子があり、子どもの頃から耳に親しむものです。森田さんの耳の奥には、地車の笛や鉦、太鼓の音が深く刻み込まれているのでしょうね。

森田 店を始めたのは24、5歳の頃です。当初は「なんや、この太いの」と相手にされませんでした。それでも「せやけど、これが標準の太さや」と訴え続けました。あるとき一つの町がうちの笛を使ってくれた。「これよう鳴るなあ」と。それから広まって、今では岸和田をはじめ堺・泉州域から多くの町がうちの笛を使ってくれています。

北川 岸和田祭は全国的な知名度を誇りますが、地車そのものも素晴らしい美術工芸品です。神話や軍記物語などを題材にした彫り物で全面が装飾されており、その精巧さと迫力は本当に見事です。「太閤記」や「大坂の陣」の名場面も多く彫られています。でも「大坂の陣」に関していうと、そのほとんどが史実ではなく、上方講談「難波（なんば）戦記」で語られる架空の「名場面」です。かつての講談の影響力の大きさを感じました。

森田 岸和田は大坂の陣とは無縁だと思っていたのが、このような形でつながりがあったとは。過去の遺産ではなく現在でも彫り続ける職人たちがいるのも素晴らしいことです。僕の著書「岸和田だんじり祭　地車名所独案内」でも紹介していますが、激しい曳行に耐える強度を考慮しながらも、繊細かつ躍動感溢れる立体彫刻の美は一見の価値があります。

伊勢大神楽と大阪の夏祭

森田　各地の祭囃子の研究をする中で、「伊勢大神楽」との出会いもあり、北川先生にはお世話になりました。

生國魂神社にて

北川　伊勢大神楽は伊勢神宮の信仰を広め歩く神楽で、各地を巡回して神札を配り、おはらいのために獅子舞と放下芸（曲芸）を行います。松原市のわが家にも代々、伊勢大神楽の宗家山本源太夫組の一行が年一回訪れ、私にとっては、それこそ生まれて以来のお付き合いで、大変なじみの深い神事芸能です。

国の重要無形民俗文化財に指定されているものの、もともと20組あったのが年々減り続け、私が研究に携わる前後にも2軒の太夫家が廃業するなど後継者育成が大きな課題でした。私は歴史学者として伊勢大神楽を研究する一方、「自分の目の前で伊勢大神楽が廃れるのを見たくない」との強い思いから、伊勢大神楽の歴史や魅力を雑誌に書いたり、講演会で話をしたり、テレビでドキュメンタリー番組をつくったり、とにかくあらゆるメディアを通じて発信し続けました。その結果、東京を中心に若い人たちが次々と入門し、各太夫家でも子どもたちが後を継いでくれ、伊勢大神楽は見事に世代交代を果たしました。

森田　伊勢大神楽との初めての出会いは、ちょうど山本勘太夫組の一行が笛を吹きながら泉州域の農村を回檀しているときでした。自然の中で村全体に笛の音が響きわたる感じに、これこそ200年、300年前と変わらない音風景だと心が揺さぶられました。四方の舞、神来舞（しぐるま）、剣三番叟…。すべての曲が魅力的です。

北川　伊勢大神楽の場合、1年365日、毎日何度もお囃子を演奏していますから、絶対に曲が崩れることがありません。また、各地をまわる伊勢大神楽はそれぞれの地域で祭礼文化に大きな影響を与えてきました。

大阪天満宮で「天神囃子」と呼んでいるお囃子がありまず。実は生國魂神社や住吉大社、お初天神（露天神社）など、大阪の多くの神社で同じお囃子が奏されるのですが、あれはもともと伊勢大神楽の「道中囃子」なんです。大阪市内の多くの神社の祭礼に、かつては伊勢大神楽の太夫さんたちが関わっていました。

森田　伊勢大神楽の太夫さんがやっていたものが、太夫さんたちが来なくなってもお囃子だけが残り、地域に根付いたわけですね。

祭の本質とは

森田　最近は摂河泉域をはじめ多くの祭を見聞する機会が増えました。その中で、神事や神賑（かみにぎわい）行事の日程が土日となったり、風説によって祭の由来がうやむやになったりする事例を見ることが多くなりました。祭の形態が時代によって変わっていくこと自体は問題ではないのですが、その中でも守るべき祭の本義みたいなものについては、もっと注意が払われて良いと思っています。こんなことを言うとまた反発を受けるのですが、問題点を指摘するだけでは僕の性に合わない。やはりこうあるべきだと思ったら、状況を変えていけるよう努力していきたいと思っています。

北川　真実に向き合おうとすると、様々な障害が立ちはだかります。まさに苦難の連続です。でも、お互いわが道を信じて頑張っていきましょう。

（2014年8月号）

第10回

ゲスト

一心寺長老

高口恭行 さん

たかぐち・きょうぎょう

1940年生まれ。京都大学工学部建築学科卒業、同大学院工学研究科修了後、京都大学助手。奈良女子大学家政学部助教授、教授を経て、92年「造家建築研究所」主宰。72年～2005年、一心寺住職。この間、03年日本建築家協会の関西建築家大賞受賞、一心寺の復興、大阪市の歴史の散歩道づくり、夕陽丘町づくりへの貢献などによって、05年大阪市文化功労賞を受賞。＜前編＞

一心寺再建　建築家、住職として

正式名を「坂松山高岳院一心寺（ばんしょうざん・こうがくいん・いっしんじ）という一心寺は、上町台地を代表する寺院の一つ。宗派を問わない参詣や納骨を受け入れており、「庶民の寺」として親しまれています。大坂夏の陣の50年後から、50年ごとに、大坂の陣戦没者供養の大法要が営まれ、大坂の陣ともゆかりのあるお寺です。

今回のゲストは一心寺長老の高口恭行氏。建築家でもある高口氏は住職時代、大阪大空襲による戦災で堂塔伽藍のほとんどを失った寺の復興を進め、「山門」や「日想殿」など現在の境内空間を作り上げてきました。一心寺の歴史や大坂の陣、大阪のまちづくりについて、大阪城天守閣館長の北川央氏が話を聞きました。

高口　少年時代の将来の夢は、ゼロ戦のパイロットか船乗り。しかし中学3年の頃、祖母の「絵がうまいから建築にしなさい」の一言で将来の道筋が決まりました。

デザインや設計をやろうと京都大学工学部建築学

科に学び4年で辞めてどこかで徒弟奉公して腕を磨くつもりでしたが、時代は高度成長期を迎えていました。5年後に大阪万博の開催が決まり、建築学科挙げてサポートすることになりました。そのまま大学に残ることになりました。

北川 万博の設計を担当されたのですか。

高口 私がやったのは、万博とは何か、どのような場所か、土地をどう造成すべきかといった基礎的な調査研究です。会場となった吹田や茨木を接続するために、両地域の都市計画を調べてつなぎ合わせたりする。全く何もないところで下ごしらえをするような仕事でした。

北川 奈良女子大学で約17年間、教壇に立たれました。

高口 高度経済成長に伴う建設ラッシュで、建設関係の技術者が求められていました。家政学部住居学科を出ても1級建築士の試験を受けられる学科にするという話があり、声がかかりました。一戸建てから住宅団地まで、設計に関わる全てのことを教えました。

北川 建築家としての代表作は。

高口 色々やりましたが自信作の一つはやはり一心寺横に2002年に建設した「三千佛堂」でしょうか。

西洋の教会をイメージし、「外へ開かれた寺」をコンセプトに作られた建物で、天井から自然光が入る明るい空間になっています。仏教の宗教空間というのは普通、内陣が暗くて、外陣が明るい。大仏殿を作る時代から、暗い堂内に光を取り込むというのは課題でした。現在は技術的には作ることは可能で

すが、それを論理的に構築してつくる人はいません。恐らく三千佛堂が、これからの仏教建築の原型になるかもしれないと思っています。

また、鎌倉時代から坊さんは参詣者に背中しか見せることがありませんでしたが、本当は人々の方を向いて語ってほしい。宗教空間は、色んな祈り方とか場所の感じ方とか、問題をはらんだ状態で現代に至りました。三千佛堂はそれらの軌道修正をしてと自負しています。

北川　一心寺住職に入られた経緯は。

高口　「土佐の高知のはりまや橋で　坊さん　かんざし買うを見た　よさこいよさこい」という歌があります。修行僧が恋人のためにかんざしを買ったので問題になったという話ですが、私の場合はかんざしを買ったら坊さんになったと。坊さんになる気はなかったが、結婚相手が決まり、それを成就するためには坊さんにならざるを得なかったというわけです（笑）。

北川　それから寺のことや浄土宗の勉強を始められたのですか。

高口　父方の祖父は新島襄がいた頃の同志社に通っており、祖母もクリスチャン。私も子どもの頃から当たり前のように教会に通っていたものの、何か引っかかるものを感じていました。

結婚を考えたのは大学院助手の頃。先代の師匠（妻の父）から「仏教の基本的な勉強をして資格を取るように」と言われました。

夏休みと冬休みを利用し、京都の知恩院や東京の増上寺で修行しました。苦労したとか苦心惨憺（さんたん）したとか、そんな話はまるっきりございません。高校時代はずっと丸刈りでしたから、頭を丸めるのにもまったく抵抗はなく、仏教の勉強も大変興味深いものでした。合宿に来たように若い仲間と愉快に楽しく勉強しましたよ。

北川 格別な寺を継ぐというプレッシャーはありませんでしたか。

高口 資格を取れと言われたものの、寺を継ぐという話はありませんでした。しかし結婚した途端、その父が亡くなってしまった。私は住職就任を逃げていました。ところが日本からカナダに脱出しようと段取りし、一時帰国したところへ「あなたに住職が決まりました」と言われて。ここで断れば、非常にややこしいことになるのが目に見えていました。仕方なく腹をくくりました。

その時期の一心寺には戦災による焼け跡がまだ多く残っていました。そうか、これを復興する必要があると。「建築のプロであるあなたに力を貸してほしい」と言われ、5年くらいやってみるかと、とりあえずのつもりで始めました。

北川 幸か不幸かそういう時期に巡り合ったということですね。一心寺の歴史を教えていただけますか。

高口 一心寺の歴史は1185年（文治元年）、京都におられた法然上人が四天王寺の別当（管長）

だった慈鎮和尚の招きで「日想観」を修されたことに始まります。それからの400年は記録がぼんやりしています。次に歴史に登場するのは、時代が豊臣から徳川に移ろうとする頃です。徳川家康が関東から本誉存牟（ほんよぞんむ）上人を連れてこられました。関ヶ原合戦が起こる1600年（慶長5年）の春、当時徳川家康は大坂城の西の丸にいましたが、家康の8男仙千代が早逝し、一心寺で葬儀が営まれ、墓も作られました。

仙千代君の法名が「高岳院殿華窓林陽大童子」とされたことから、家康は一心寺の院号を「高岳院」に改めました。また、「一行一筆心経・阿弥陀経」という寄せ書きのような写経の巻物があるのですが、これは家康から「寺宝にせよ」と頂いたもの。山号を「坂松山」と決めたのも家康です。家康が心を砕いた様々なエピソードがあり、一心寺は家康によってつくられた寺といってもよいかもしれません。

北川 戦前には、小堀遠州作の数寄屋「八窓の茶室」や秀吉時代の大坂城の玉造門を移築した「黒門」と呼ばれた山門など歴史的価値のある建築物がありました。徳川幕府が手厚く保護したことの証しですね。

高口 現在はすべて焼けてしまい、残っている当時のものがないのは残念です。ただ、10年ほど前に本堂裏の土地を調査したところ、火災の焼け跡である灰の層が見つかったんです。計算してみると大坂の陣の時のものと分かりました。「そうか、一心寺も燃えたのだ」と。意味のある遺構だと思います。

北川 茶臼山周辺は激戦地でしたから。一心寺に伝来した文書はどうなったのでしょうか。

高口 大坂の陣当時、一心寺は独立して存在していたかどうか分かりません。江戸時代の文書はそれなりにありましたが、太平洋戦争の戦災でめぼしい建物は何一つ残りませんでした。ただ一棟だけわずかに焼け残った蔵があり、そこに収められていた秀吉の北政所ネネさんの手紙など、文書の一部が今も伝わっています。

北川 それは本当に貴重なものですね。

（2014年9月号、後編に続く）

第11回

ゲスト 一心寺長老
高口恭行 さん

＜後編＞

茶臼山に史跡碑
歴史物語 掘り起こすきっかけに

北川 一心寺横の茶臼山は、大坂冬の陣では徳川家康の、夏の陣では真田幸村の本陣が置かれ、大坂の陣においては大坂城と同じくらい重要な場所でした。「大坂冬の陣図屛風」を見ますと、家康本陣として立派な御殿のようなものが建てられたことが分かります。一心寺では、茶臼山から境内も含めて本陣になったと伝えられているのですか。

高口 はっきりと一心寺が本陣跡であったという認識で語られたものはありません。ですが本陣には家康一人がいたわけではなく、他に3万から3万5000人の将兵がいたと思われます。少なくとも甲子園球場1個分くらいの場所が必要だったのでは。つまり、茶臼山本陣は一心寺や市立美術館のエリアにまたがる面積を占めていたと推測できます。

家康の本陣は、船場に焼け残っていた商家が解体されて移築されたといいます。家康8男仙千代の墓の前に、江戸時代を通して住職の隠居所として使われていた「三清庵」（さんせいあん）という塔頭寺院があり、これこそ本陣の寝所であったのではない

かと勝手に想像しています。

北川 夏の陣では、徳川方の有力武将で、大名でもあった本多忠朝が討死するわけですが、その墓所も一心寺に営まれました。仙千代の墓があり徳川家と非常にゆかりの深いお寺であったから、忠朝の墓所にも選ばれたのではないでしょうか。

高口 そうですね。徳川さんとのご縁は深いものであったことは間違いありません。

中央区釣鐘町の釣鐘にまつわるエピソードはご存知でしょうか。豊臣時代は免除されていた固定資産税「地子銀（じしぎん）」を、徳川の世になってからも同様に免除してもらえるよう口を利いてほしいと町民が一心寺住職に頼んだことがあったそうです。徳川に対して意見を申すことができる力を一心寺が持っていたのかなという気がします。

茶臼山に史跡碑建立

北川 10月に、大坂の陣の記念碑を茶臼山に建立されるそうですね。

高口 随分前の話ですが、大坂の陣の前哨戦である「樫井の合戦」の顕彰碑を泉佐野で見かけたんです。さて一心寺の隣の茶臼山はまさに本番激戦地であったにもかかわらず何もないじゃないかと。

そこで参考になったのは、米・ボストンにある「フリーダムトレイル」と呼ばれる歴史の散歩道のようなもの。アメリカ独立戦争ゆかりの史跡をたどっていくものです。ボストンでは独立戦争が町の歴史の中心的エピソード群になっているのですが、大阪の場合まさに大坂の陣こそが大阪史のメモリアルな出来事ですよ。

石碑は、中国から運んできた約16ｔの花こう岩を削り出したもの。丘状で、その上に円盤を乗せたような造形です。「乱世の泡立つ下剋上の中から丸い巨大な平和が浮かび上がった」と見ることもできますし、「江戸時代という太平の世が生まれた」ことを表しているともいえます。

北川 モニュメントができることで、その場所が突然輝いたり、その場所に対する見方が変わったり、また人が集まったりするものです。天王寺公園は現在、塀で囲われてしまっていますが、公園内にある茶臼山は歴史的に大変重要な史跡で、以前は池にボートが浮かぶ市民の憩いの場所でもありました。ところが今は公園内でも辺境の地といいますか、足の向かない場所になってしまっているのが残念です。史跡碑の建立を機にもう一度、その存在に光が当たればと思います。

高口 昔ながらの風景は戦災で失われましたが、上町台地には面白いエピソードがまだたくさん隠れているはずです。今回の史跡碑が歴史物語を掘り起こし、顕在化させる出発点になればと願っています。

北川 最後に、上町台地の将来像についてお考えをお聞かせください。

高口 まちにはそれぞれのまちらしさがあってしかるべきだと。大阪の場合、人の顔に例えると中之島界隈が目のライン、それに対して直角に上町台地という鼻筋がある。この「目鼻立ち」をくっきりさせると顔つきはしゃんとします。中之島の方が整備されているのに比べると、上町台地の方は今一つ、

茶臼山に新たに建てられた史跡碑

しゃんとしていませんね。そこで暮らす人たちや神社仏閣、それぞれがまちづくりの当事者の意識を持ち、上町台地をもっと大切に扱うことでまちの個性も際立つと思うのですが。

北川　長年蓄積されてきた歴史や文化をうまく活かしてまちの個性を際立たせる。上町台地の特色を出すことが大阪全体にとって非常に大きな意味があるということですね。

高口　象徴的な場所として、東京であれば皇居、ニューヨークならセントラルパークなどがその役目を果たしています。シンボルとなる場所を中心としてまちのイメージは作られていきます。

北川　「大坂の陣400年」というイベントも、この1、2年だけの一過性のイベントに終わらせるのではまったく意味がありません。これを機に大阪を見直し、今後の私たちの財産となっていくようなものを遺す、そんな事業にしていきたいと思っています。

（2014年10月号）

第12回

ゲスト
講談師
旭堂南海 さん

きょくどう・なんかい
1964年、兵庫県加古川市生まれ。高校時代は落語研究会に所属。大阪大学文学部で国文学を専攻。大衆芸能に魅せられ89年、講談師の3代目旭堂南陵に入門。96年、大阪府芸術劇場奨励新人に認定、98年、咲くやこの花賞受賞。関西を中心にテレビやラジオにもレギュラー出演中。

「続きはまた明晩」と言ってみたい

「講談」という話芸をご存知でしょうか。軍記物や政談などを中心とした様々な物語を、独特の調子や間をつけて面白く分かりやすく聴衆に語るものです。テレビやラジオなどのなかった時代、講談が人々に与えた影響は大きく、大坂の陣で活躍した武将・真田幸村（信繁）を悲劇のヒーローとして知らしめたのも江戸時代の上方講談『難波（なんば）戦記』でした。今回のゲストは講談師の旭堂南海さんです。「大坂の陣」をテーマにした作品も多い講談の魅力について語っていただきました。聞き手は大阪城天守閣の北川央館長。

今回の対談は、大坂の陣ゆかりの安居神社社務所で行われました。

北川 講談師になったきっかけは。

南海 歴史と文学が好きで文学部に入学したものの、ほとんど大学に行かず道端の大道芸や見世物を見て回ったり、放浪芸を聞いたりしていました。そんな大衆芸能の一つにあったのが講談でした。「滅びゆく芸能だろう」と思いましたが、調べてみると

講談道場があることが分かった。そこで出会ったのが、後に師匠となる3代目旭堂南陵（故人）です。

師匠は実に魅力ある人物でした。この道に入ったのは、師匠の人柄にほれ込んだからです。海のように広がる講談の世界とその奥深さを知ったのは、入門した後のことです。

北川 修業はどんな風に行われたのですか。

南海 師匠は70歳くらいでしたでしょうか。世間がバブル全盛期を迎える中、一人だけ時代から取り残されたような人でしたね。師匠の家を訪ね、朝から一緒に酒を飲みながら色んな話をしました。稽古では、師匠が手書きした「丸本」というネタ帳を素読みしてくださる。それを僕たち弟子はテープに録音することを許されました。

師匠がよく話していましたのは、どなたかが高座でしゃべっているのを「とる」ということです。「盗む」という意味だと思います。芸は教わるものではなくて盗むものだと。

講談は一つの演目がとてつもなく長く、丸暗記はできません。ですから、他の人の高座を聞いたらそのままぱっと外に出て、「誰がいつどこで何をどうした」という筋立てを、覚えている限り固有名詞で書いていくんだそうです。そして、あの人の面白さは他の人の話の展開とはあそこが違う、それが眼目だというところを盗んでいくのだと。そして翌日に

は自分の高座にかけたというんです。

北川　大阪で育まれた上方講談は明治から大正にかけて盛況を誇り、大阪市内各地に設けられた講釈場で人々は講談を楽しみました。東京にも講談はありますが、上方講談と違いはあるのですか。

南海　一つには演目（ネタ）の違いがあります。最たるものは豊臣秀吉の一代記『太閤記』です。上方と違い、江戸では「東照神君家康」を持ち上げます。寄席文化の世話物、江戸時代に起こった大名のお家騒動、怪談といった演目が多いのも江戸の特徴です。

　一方、上方は『太閤記』『太平記』『難波戦記』の3つの戦記物があり、他にも大阪を舞台にした演目が多くあります。

　時にユーモラスなエピソードを交えて笑いを取り込むのも上方講談の特徴です。豊臣対徳川の合戦物語である『難波戦記』には、大阪でしか通用しない笑いが地雷のように随所に埋め込まれていますよ。

北川　「講釈師　見てきたような　うそをつき」という言葉通り、講談師の方は、合戦の模様をまるで本当に見てきたかのように語るんです。きちんとした歴史を知らない人が聞くと、すっかりだまされて、それが史実だと思い込んでしまいます。史実のパロディである講談を存分に楽しむためにも、正しい歴史を知っておくことが必要です。プロとして講談をやる魅力は何でしょう。

南海　物語が展開して、次はどうなるんだろうと固唾（かたず）をのんでお客さんが前のめりになる瞬間があります。そんなとき、この職業であることに喜びを感じますね。もう一つうれしいのは、物語の最後で「さあどうなる！　ここからが面白いんですがね」と締めくくると、皆さんが一斉に「はあー」とため息をついてくださるところです。

でも本来は「この続きはまた明晩の講釈でお楽しみ」と言うべきところです。物語をぐっと持ち上げて切る「切り場」という手法で、「明日も聞きたい」とお客さんに期待感を持たせる。講談というのはもともと、連続して演じられるものでしたから。本当は毎日しゃべることができるのが理想です。

北川　講談は徐々に衰退し、昭和40年代には一時絶滅の危機にひんしましたが、最近また盛り返してきましたね。大坂の陣400年というチャンスを捉えて、『難波戦記』や『真田三代記』など、この時期だからこそ、普段やるよりは注目が集まるという演目をぜひやっていただきたい。『難波戦記』で描かれる名場面は、錦絵に描かれたり、岸和田のだんじり彫刻にも見ることができます。講談が江戸から明治時代にかけて、いかに庶民に大きな影響を与え

安居神社「真田幸村戦死跡之碑」前にて

ていたかがよく分かります。

南海　人気演目の『難波（なんば）戦記』は、江戸初期に出版された『難波（なにわ）戦記』という合戦物語をもとに大坂で作り直されたものと言われています。徳川の立場から記された江戸版が大坂へ流布したときに、大坂人の反骨心に火が付いたんでしょう。大坂方から見た歴史を描く豊臣びいきの物語になっています。

家康が追い詰められ逃げ惑うとか荒唐無稽な話で、歴史好きな方にしてみたら到底受け入れられないとおっしゃるかもしれません。しかしこれが３００年以上、大阪で聞かれてきた物語なのです。しかも徳川の世となった当時、世間をはばかってまで語られていた時期もあったのです。

北川　講談で語られるフィクションとしての大坂の陣自体大変興味深い内容ですし、それらが作られる背景、そうした物語を受容する社会。これまた歴史学の研究対象です。歴史学においては、近年、大坂の陣そのものに関する研究もずいぶん進展し、秀吉没後の豊臣家について再評価が行われ、それに伴い大坂の陣という戦いの意味についても見直しが進んできました。大坂の陣というと、最初から豊臣方の負け戦と決まっていたように思っておられる方が多いようですが、実際にはそうではありませんでした。４００年という節目は、こうして歴史を見直すとともに、講談をはじめ関西で培われてきた様々な芸能や文化の力を結集して大坂の陣を表現する機会にもしたいと思っています。

南海　何年か前に、『難波戦記』を1回40分ぐらいで1ヵ月かけてやったことがあります。続けて最初から最後まで全体を聞くと、各所に因果が織り込まれた非常に面白い合戦絵巻であることが分かります。私たちの暮らす上町台地はまさに歴史物語の舞台。機会が頂けるなら、風呂敷にネタ本包んでどこへでも身軽に参らせていただきます。

（２０１４年11月号）

第13回

ゲスト
落語家
林家染雀 さん

はやしや・そめじゃく
1967年生まれ。大阪府八尾市出身。大阪大学文学部美学科音楽演劇学専攻を卒業。92年4月、4代目林家染丸に入門。97年度「大阪府芸術劇場推奨新人認定」、2001年度「なにわ芸術祭」奨励賞、02年度「なにわ芸術祭」新人賞など受賞歴多数。趣味は芝居鑑賞、長唄、ピアノ演奏、日本舞踊、茶道など。

落語に生き続ける江戸時代の風景

上町台地は上方落語発祥の地。生國魂神社には上方落語の元祖とされる米沢彦八の碑があり、高津宮が舞台の「高津の富」「崇徳院（すとくいん）」「高倉狐」をはじめ、「天王寺詣り」（四天王寺）、「初天神」（大阪城）など上方落語の題材となった場所や風景がたくさん存在します。

今回のゲストは落語家の林家染雀さんです。日本舞踊や長唄などを幅広くたしなみ、それらを落語に取り入れた芝居噺が得意という染雀さん。落語の中に残る昔の風景や言葉に話が及び、大阪城天守閣の北川央館長と話が弾みました。

染雀 落語に興味を持ったのは高校生の時です。通学に時間のかかる学校で、電車の中で読もうとたまたま手に取った「米朝落語全集」がきっかけでした。非常に面白く、7巻全部買って夢中で読みました。

それまでテレビやラジオで落語を聞いたことはあっても、生で見たことはありません。初めて見たのは高校卒業後、浪人中に出かけた「島之内寄席」

です。ライブで見る落語の面白さは活字の比ではなく、たちまち魅了されました。

目に留まったのは、後に師匠となる林家染丸師演じる「蛸（たこ）芝居」。噺の途中には上方落語独特のお囃子（はやし）「はめもの」が入り、それは華やかな高座でした。このとき「この師匠の弟子になって、いつかこんな芝居噺をしたい」と強く思ったんです。

北川 活字から落語の世界に入り、生で見てとりこになってしまったんですね。染雀さんは大阪大学文学部のご卒業ですが、落語家になるために大阪大学に進学されたのですか。

染雀 そこからは落語の道へ一直線です。大阪大学文学部では、落語家になったときに少しでも役に立つようにと演劇と音楽を専攻しました。大学の落語研究会にはあえて入らず、その代わりに歌舞伎や文楽など、色々な伝統芸能を見て回りました。

落語の道に進むにしても、落語に影響を与えたほかの芸能のことも知っておかねばと思ったのです。この時の経験が後に大変役に立ちました。

北川 落語を核に据え、その周辺に位置する芸能を学ぶといった感じでしょうか。歌舞伎で途絶えたお囃子や歌が、落語で生き続けているという興味深い例もあります。互いに影響し合いながら発展を遂げてきたのも日本の伝統芸能の特徴ですね。

染雀 大学卒業後、「弟子入りしたい」と意を決し、師匠に電話しました。緊張のあまり受話器を上げては置き…を何度も繰り返した末、ようやく電話したことを覚えています。師匠の出した入門の条件はただ一つ。「親を連れてくること」でした。

我々の仕事はお客さんを説得し、納得させること。これからそういう仕事をしていくのに、親一人さえ説得して連れてこられないのでは困ると。母親が来てくれ、晴れて入門となりました。

北川 染雀さんとは２００７年から「上方落語の舞台を歩く」というウォークイベントでご一緒しています。落語に登場する場所を巡り、染雀さんが披露した落語をもとに、私が江戸時代の大坂の風景や庶民の生活・習俗などを読み解くライブイベントです。

染雀 落語を話していても実際の現場に足を運ぶ機会は少なく、私も勉強になりました。落語に東横堀、西横堀という名称がよく出てくるのですが、なぜ「横堀」というのか理解できました。

北川 江戸時代の大坂の地図は東が上なんです。大坂城が大坂の町の東に位置するためです。東を上にして地図を眺めると、南北に流れる「横堀」は2つしかありません。それで東横堀、西横堀と名付けられたのです。あとは道頓堀にしても、長堀・立売堀・京町堀にしても、「縦堀」ばかりです。ちなみに京都は御所が町の北にあるので、北が上の地図になっています。江戸時代は現在とは空間認識が異なり、その地域で一番格式の高いところがどの方角にあるかによって地図の方位が決まったのです。

ところで、染雀さんは上方落語なら何でもござれですが、一番好きな演目というのはあるのでしょうか。

染雀 「天下一浮かれの屑より」です。踊りや歌舞伎など様々に高度な芸が要求される噺です。これを習得するために私は色々な芝居噺をやり、卒業論文のつもりで入門10年目に高座に掛けました。

でも、昔は説明なしで通用した言葉が、今では説明しないと理解されないことも多くなりました。

例えば「口入屋」では江戸時代の船場の家の構造が出てきますが、「膳棚」や「薪山（きやま）」といっても今の人には分かりませんよね。

江戸から明治に時代が移り、例えば1両を1円に変えたり、かごを人力車に変えたりして、落語に出てくる言葉を明治の風俗に変えたこともありました。そうやって時代に合わせてきたのが、戦後あたりから変えようがなくなってきた。人力車をタクシーと言い換えたりできませんからね。
変えられなくなった時点で、落語は大衆芸能から古典芸能になったのだと思います。

北川 時代とともにライフスタイルが変わり、落語の中に描かれる生活や風習も理解されにくくなってきたのですね。しかし、落語の中にしか残っていない言葉や江戸時代の風景、庶民の生活・習俗は重要です。
大坂からお伊勢さんまでの旅をテーマにした長編「東の旅」という落語は、旅のガイドブックのような噺ですが、そこに登場する「印判屋（いんばんや）庄右衛門」は、かつて奈良の猿沢池のほとりに実在した宿屋で、大阪城天守閣ではこの「印判屋庄右衛門」の発行した引札（チラシ）を所蔵しています。落語「三十石」に出てくる三十石船の舟歌もそう。落語は歴史家にとって価値ある歴史資料なのです。

上方落語「高倉狐」の舞台、高倉稲荷神社前（高津宮）にて

染雀 古典化している一方で、ありがたいことに新作落語を手がけている方もいらっしゃる。古典と新作が互いに力を及ぼし合っている限り、「まだまだ落語は大丈夫」と希望を感じます。
リズムの話芸である落語は、説明を挟むと調子が乱れてしまいます。親切に説明することで物語を理解することはできても、味わいは落ちるでしょうね。どちらを取るべきか。でも本当は落語の中に残る語彙をできるだけ残していきたい。時代も人も猛スピードで変化する中、落語は岐路に立たされているのかもしれません。

（２０１４年12月号）

第14回

ゲスト

元宝塚歌劇団男役

麻園みきさん

あさぞの・みき

東京都出身。元宝塚歌劇団星組男役スター。1991年に入団し、花組と星組で活躍。長身に甘いマスクで、歌唱力と芝居の評価が高い。2004年退団。ブランクを経て2010年から芸能活動を再開し、レビューショーやコンサートなどに多く出演。姉は元星組トップスターの麻路さき。

木村重成役 自分見つめ直すきっかけに

大坂の陣400年を記念して結成された「大阪城・歌劇武将隊」は、OSK日本歌劇団と宝塚歌劇団出身の男役スター5人が、大坂の陣で活躍した5人の武将を歌と踊りで表現するもの。

「関西を拠点に花開いた女性だけの歌劇文化を通して大坂の陣を発信したい」と大阪城天守閣の北川央館長が監修協力しました。真田幸村、後藤又兵衛、木村重成、長宗我部盛親、塙団右衛門の5武将のうち、木村重成役を務める宝塚歌劇団出身の麻園みきさんが今回のゲストです。

麻園 東京で生まれ育ちました。親元を離れて独り立ちしたいと、寮のある宝塚音楽学校に入学したのは15歳の時です。同期の中では最年少でした。

入学式を済ませるとまず創立者の小林一三先生のお墓参り。最初の授業は体育館で、ジャージ姿で自衛隊の歩行訓練から始まりました。そこからは、日舞やバレエ、歌などの授業がみっちり。幼いころからピアノを習っていたり合唱団に入ったりと、音楽は大好きだったのですが、体を動かすのは苦手で…。

体操やバレエ、タップダンスなど、踊りにはずいぶん苦労しました。
在学中、入学した目的を見失い、自分に嫌気がさして寮から家出したこともあります。長い年月の中で積み重ねられた「宝塚」という圧倒的な伝統。「清く正しく美しく」というモットー。受け継ぐものの大きさに押しつぶされそうになったのかもしれません。
それでも『ベルサイユのばら』で初舞台を踏み、同期や宝塚ファンに支えられ、気が付けば14年。いつしかお芝居が好きになり、性別すら演じ分ける別世界のような宝塚の舞台にのめり込みました。

北川 外から見れば華々しい世界ですが、入ってから苦労なさったのですね。宝塚歌劇団は昨年100周年を迎え、改めて世間にその存在感を示しました。私はこれまでわずかに2度宝塚歌劇を観劇しただけですが、そのスケールの大きさに圧倒されました。退団後も舞台の仕事を続けられたのですか。

麻園 現役時代、トップさんには及びもしませんが、同じ気持ちで舞台に臨むことを常に教えられ、

木村重成役の麻園さん

私なりに舞台に臨んできました。あるとき、お客様に伝えたいことがあるのに大きな舞台だからこそうまく伝えられないもどかしさをはっきりと感じ、自分と客席の間にある壁を取り払いたい、距離を縮めたいという思いが強まり、「舞台を降りよう」と退団を決めました。

それまで髪型はショートでリーゼント。退団後はスカートもはくようになりましたが、自分の髪を結うこともできません。「女性らしいとはこんなに大変なことなのか」と思い知らされました。退団したら、今度は女役を演じているような感覚でした。

現役時代も含めて決して順風満帆とは言えなかった経験から、退団後5年ほどは舞台を離れ、芸能活動を休止し、メンタル面を中心に、色々なことを学びました。今は「美と癒やし」をテーマに化粧品やジュエリーなどを扱う仕事に携わりながら、芸能活動を再開しています。この間にいろんな方との出会いがありました。

宝塚の世界しか知らなかったのですが、世界がどんどん広がっていき、現在の私があります。

北川　「大阪城・歌劇武将隊」を通じてご縁ができた麻園さんと私の出会いもそうした延長線上にあるのかもしれませんね。

歌劇武将隊の5人は、いずれも大坂の陣で果敢に戦った豊臣方の武将です。通常「大坂五人衆」といえば真田幸村・長宗我部盛親・毛利勝永・後藤又兵衛・明石掃部の浪人武将5人を指すのですが、今回の歌劇武将隊では、あえて毛利勝永・明石掃部を外し、代わりに木村重成と塙団右衛門を入れました。

麻園さん扮する木村重成は浪人衆ではなく、豊臣秀頼の乳兄弟。秀頼と同い年で若く、「智・仁・勇」の三徳を備えた長身の美丈夫だったと伝えられています。

大坂冬の陣の鴫野・今福の戦いが重成にとって初陣でした。そして夏の陣の八尾・若江の戦いで井伊

安藤長三郎の甲冑（右）を見つめる麻園さん

軍との激戦の末に討死したのですが、首実検でその首が徳川家康のもとに届けられると、頭髪に香が焚きこめてあった。自らの散り際を見定めたその覚悟に家康が感嘆したという逸話が残っています。麻園さんは重成のことをご存知でしたか。

麻園　役を頂いてから勉強しました。重成には様々なエピソードが語り継がれていますね。印象深いのは、冬の陣の和睦の際、交わされた誓紙に押された家康の血判が薄いと家康本人に詰め寄ったこと。もう一つはやはり、死に様ですね。「敵に討ち取られたとき、己の屍の臓腑が見苦しくないように」と、前から食事も節制していたとか。

　明日何があるかも分からない戦国の世の凝縮された時間の中

で、どんな気持ちだったのだろうと想像しています。

北川 命をかけた極限の状況に追い込まれるわけですから、今の我々が感じるのとは比較にならないほどのプレッシャーがかかっていたでしょうね。

戦前、重成の生き方は「死にゆく美学」として特攻隊に身を投じた若者たちの鑑とされ、知名度も高かったのですが、戦後はその反動もあったのか、あまり知られていないのが残念です。

重成は最期に彦根藩士の安藤長三郎に首を討ち取られるのですが、その長三郎が身に着けていた甲冑（かっちゅう）を大阪城天守閣で開催中の冬の展示「大阪サムライコレクション」（1月22日まで）で展示しています。安藤長三郎が重成の首を葬った「首塚」も彦根城近くの宗安寺にあります。

麻園 重成の生き方、旅立ち方も含め、演じることを通して、私自身がもう一度自分と向き合い、何かを見つけるきっかけにしたい。そこで得たものを、先が見えず前に一歩踏み出せないでいる人たちに伝えていけたらと思っています。私もそんな時期がありましたから。

北川 大坂の陣は男の戦いだと思われていますが、女たちが活躍したのも興味深いところです。

淀殿が大坂城内で甲冑姿に身を固めて全軍を指揮したのをはじめ、冬の陣の講和では豊臣方からは淀殿の妹「お初」、徳川方は家康から最も信頼を得ていた側室「阿茶局」がそれぞれ両陣営を代表して出席し、女性同士の交渉が行われました。徳川秀忠の娘で豊臣秀頼の正室となっていた千姫も、両家の間で板挟みとなってずいぶん苦しんだことでしょう。大坂の陣では、女たちをめぐる様々なドラマもありました。

女性だけで演じる宝塚やＯＳＫは日本にしかない独特の文化で、すでに１００年続いたわけですから、もはや立派な日本の伝統芸能だと思います。そうした世界にこれまで触れることのなかった人たちも、歌劇武将隊をきっかけに舞台に足を運んでもらいたいし、反対に歌劇ファンにも大阪城や大坂の陣に興味を持ってほしい。そんな相乗効果を期待しています。

華やかで、かっこいい武将隊のこれからの活躍が楽しみです。

（２０１５年1月号）

第15回

ゲスト
作家・演出家
わかぎゑふ さん

わかぎ・ゑふ
劇作家・演出家・女優・エッセイスト。劇団リリパットアーミーⅡ代表。芝居制作処・玉造小劇店主宰。新神戸オリエンタル劇場芸術監督。21世紀になるのを待って、芸名「わかぎえふ」に旧仮名の「ゑ」を入れた。「時代が変わっても古き良きものを忘れないように」。

大阪に生きる 未来夢見た子ども時代

今回の対談のお相手は、劇作家・演出家・女優・エッセイストと多方面で活躍しているわかぎゑふさんです。

大阪城が遊び場だったというわかぎさんの子ども時代は、日本の高度経済成長期と重なります。戦後を引きずるような光景から大きく変わっていく大阪の姿や、当時、子ども心に感じていたことを今も覚えているというわかぎさん。大阪の文化や大阪城の変遷にも詳しく、同世代である北川央・大阪城天守閣館長との話も弾みました。会場は玉造稲荷神社。

わかぎ 西区の九条に生まれ、3歳までそこで暮らしました。父は客船の船員。いつも家にいないので、母と2人暮らしでした。当時は雨が降ると道路がすぐに浸水しました。すると長靴をはいた母が大きなたらいを持ってきて、「おばちゃんとこへ行っといで」と、私を乗せて数軒先のおばちゃんのところまで押し流しました。とても面白かったのを覚えています。

その後玉造に引っ越し、いとこ一家と8人で暮らすことになりました。異母兄弟の長兄の子供たちも時々来てました。みんな私より年上で、私は一番小さいのに「おばちゃん」と面白がって呼ばれ、恰好のおもちゃでしたね。

3歳までに色んなことがあったのでしょう。父が船を降りてきたときのことや、雨が降ると大阪城の方から大量の泥が流れてきたこと。幼いときの記憶

が鮮明に残っています。

テレビ番組の影響で、忍者にあこがれていました。「忍者になりたい」と母に言ったら、剣道に通わせてくれました。大阪城内にある「修道館」の道場です。3歳から小学校卒業まで通いました。

試合で一日大阪城にいる日は天守閣の展望台に登り、まちを見ながらおにぎりを食べました。大きな望遠鏡が見たいのですが、お金がかかるので、大人が飽きるのを見計らって「おっちゃん、見ていい?」とすかさず駆け寄ったりして。豊國神社裏の崩れかけた石垣の上を歩いたりもしていました。危なっかしく歩きながら、大阪城をバックに忍者になったつもりでピョンピョン跳ねていました。

玉造口にあった射撃場では、ぼろぼろの板塀の隙間から射撃の練習をしている様子をのぞいて、キャーキャー言いながら薬きょうを拾いに行ったりしました。男の子たちに囲まれ、やんちゃな少年のような子ども時代でした。

あのころまちには野犬が多くて。大阪城の中にもいました。剣道の帰り、大阪城内に車で売りに来て

いたホットドッグを買い、食べながら帰っていると、必ず犬が追いかけてくる。取られたくないので必死で飲み込んでいたのを覚えています。

北川　私は大阪市の南に隣接する松原市に生まれ育ち、今も住んでいます。当時はのどかな河内の農村で、隣の集落まで一面が田んぼでした。環状線の内側が「大阪」という認識で、「大阪に行く」と表現していました。近鉄南大阪線で阿部野橋駅に来て、そこから梅田方面に行くときは、地下鉄だと景色が見えないので、環状線に乗るのが好きでした。でも、その頃はまだ大阪城の東側には「大阪砲兵工廠」跡地の荒れ果てた光景が広がっていました。現在の大阪城は木がうっそうと茂り市民の憩いの場となっていますが、大阪城には戦前まで陸軍第四師団司令部や中部軍司令部が置かれ、東洋一の大軍需工場といわれた砲兵工廠もあり、日本陸軍の拠点でした。

わかぎ　終戦前日の大規模爆撃で一帯は焼け野原になってしまい、戦後は立ち入り禁止になっていましたね。１９５０年代には鉄くずを集める「アパッチ族」と呼ばれる人たちがいたり、私たちが小学生の頃でも汚い鉄骨の建物がむき出しで残っていたり「真っ黒な荒野」の印象でしたね。後に、大阪ビジネスパーク（ＯＢＰ）ができて高層ビルのそびえる整然としたまちに生まれ変わったときは本当に驚きました。

阿倍野の歩道橋や一心寺さんの参道にもたくさんの傷痍軍人がいる時代でした。でも、そんな光景も70年あたりにすっかり変わってしまいました。

大阪万国博覧会を契機に、大阪全体が大きく変わっていったのです。そのころまではどこも土の道で、雨が降ると至る所に水溜りができたのに、道路がきれいに舗装され、拡張されたりで、わが家も区画整理の対象になったりしました。万博に行くというと、父が500円札のお小遣いを持たせてくれたものです。

北川 私も万博には行きました。まだ外国人が珍しかった時代で、外国人がいると走って行ってサインをもらいました。

わかぎ そうそう（笑）。万博会場や大阪城で外国人を見ると必ずサインをせがんでいましたね。万博のガイドブックなどは全部大切にとってありま す。見返すと、入館したのはカンボジア館やウガンダ館など小さなところばかり。もっとアメリカ館やソ連館などメジャーな館に行けばよかったなと。「リコー館」が好きで、よく行きました。当時画期的だったシンセサイザーの曲が流れていて、大きなソファに寝転がると、灯が消えて天井一杯に光のショーが繰り広げられるんです。体験したことのない宇宙感に興奮しました。

北川 東京ではオリンピック、大阪では万博を機に世の中が一気に変わりました。子どもであった私でもそれを強く感じた時代でした。戦後から復興し、日本はこのままずっと発展していくものだとばかり思っていました。そうした「発展」の図式に疑問を持つまでには相当の時間が必要でした。

わかぎ 世の中も大人もすべてが浮かれていましたから、子どもがそう思うのも当然です。万博会場では、手塚治虫が描いたような未来都市が目の前に広がっていました。

自動改札機も万博を機に日本で最初に導入されたそうです。そういうものが当り前の時代になるなんてすごいじゃないですか。ほかにも「自動体洗濯機」なんかもありました。万博の本には「朝は朝食ロボットがパンを焼いて、コーヒーが勝手に出てくる」とか「将来は服が温度調整してくれるので服は一着でよい」とか書いてある。大人が「すぐにこうなるよ」と言うので、大真面目に信じていました。

映画も「2001年宇宙の旅」とかSFものが多

かったですね。アポロ11号は月面着陸に成功するし、すぐに宇宙に行ける時代がくると思い込んでいました。なりたいものとか夢をみんなが持っていましたね。

玉造稲荷神社拝殿前にて

演劇の道へ

わかぎ　東京五輪に続いてメキシコ、ミュンヘンとオリンピックにはまり、水泳や剣道を習っていたこともあり、オリンピックのコーチになりたいと思うようになりました。その頃、男の子と取っ組み合いが日課になっていて、あるとき目に大けがをしてしまった。おかげで父に呆れられて「お前は女子校に行け」という命令で相愛中高に進むことになりました。

相愛では友達に勧められるまま絵を描き始めました。あるとき文化祭で知り合った短大の先輩に頼まれ、芝居の背景の絵を描くのを手伝っていたら、「役が足りないから出て」と。それが演劇との出会いです。

その後、デザイナーを経て上京し、2年ほど芝居の勉強をしました。でも本気になればなるほど「食えない」仕事であることも分かった。根が体育会系なので、種目別ではメダルを獲れそうもない、よしじゃあ総合の選手になろうと。「こいつを一人雇えば3人分だ」という発想で、衣装デザインも、美術もできますと手を挙げました。脚本を書いて、演出も手がけるようになりました。日本物の芝居をやるときは着付ができるというので重宝されました。いろんなことに取り組んで、現在に至っています。

北川 色々な肩書きを持つようになった原点ですね。大阪弁にこだわった芝居にも取り組まれていますね。

わかぎ 「単純に、なんで大阪の劇団に大阪弁の芝居がないんやろ」と思ったのがきっかけで、「ラックシステム」という劇団を1人で立ち上げました。昨年11月には、セリフをすべて「船場言葉」で書いた作品を上演しました。

船場言葉というのは京都弁に近い雰囲気です。江戸時代、士農工商で一番下の位にあった商人たちが、京都の公家の娘をもらって格式を上げようとした時代がありました。京都弁と融合して生まれたのが船場言葉だという説がありますね。

北川 作品の中に船場のしきたりや風習を盛り込まれたのも素晴らしいですね。言葉も風習も大切な文化ですが、残そうと意識しないとどんどん消えてしまいます。

わかぎ 標準語を聞いていてあれ？と思うのは、返事に「はい」を使うこと。「なんか食べる」と聞かれて、「はい」と返事するとそこで会話が止まってしまう。でも大阪人は「はい」で終わらせません。「食べる」とか「めっちゃうれしい」とか言う。大阪弁には、標準語にはない応用力があります。標準語の波にのまれてしまう前に、大阪弁の豊かなニュアンスを残したくて芝居を書いています。

（2015年2月号）

第16回

ゲスト
脚本家・演出家
北林佐和子さん

きたばやし・さわこ
大阪・天王寺出身。幼少より上方舞を、大学時代より観世流仕舞を嗜む。大阪シナリオ学校で脚本・演出を学び、ＯＳＫ日本歌劇団や創作舞踊など数多くの作品を担当、和太鼓グループ「打打打団天鼓」の舞台では海外からも高い評価を得る。日本の古典や伝統芸能、西洋文学・シェークスピアに精通。両者を融合させ、現代風に仕上げる新しい作風で評価されている。

「虚と実」のはざま描く

今回の対談のお相手は、脚本家・演出家の北林佐和子さんです。

北林さんは、大坂の陣４００年を記念して宝塚歌劇団とＯＳＫ日本歌劇団のＯＧで結成された「大阪城・歌劇武将隊」が出演する太鼓×歌劇「大阪城パラディオン」（北川央・大阪城天守閣館長監修）の脚本・演出を担当。「女性が演じるからこそ、男の理想像である真田幸村にどれだけ近づけるか。女ならではの世界が作れるかどうかが見どころ」といいます。

演劇やミュージカル、舞踊、コンサート、レビューなど幅広い作品を手がける北林さんにお話を伺いました。

北林 一時期を天王寺で過ごし、高校は高津高校。まさに上町台地に育ちました。今は途絶えてしまいましたが、母方の実家は「實川（じつかわ）」という歌舞伎役者の血筋です。そんなこともあって、私は６歳からお稽古事として山村流の日本舞踊を習い、子役として舞台に上がることもありました。

中学生の頃は宝塚を目指し、バレエや歌の稽古にも励みました。でも、身長があまり伸びなくて受験前に断念しました。それなら舞台を作る裏方になろうと思ったのが、現在につながるきっかけです。学生時代は、舞踊家として活動したり芝居をやったりと舞台に明け暮れる生活でした。大学を卒業してから大阪シナリオ学校に進み、脚本を一から学びました。

やっぱり舞台がすごく好き。今こうして舞台を作る仕事に携わっていられるのは本当に幸せなことです。日本の歴史や文学も好きで、洋物の作品を作るときでも日本らしさのようなものを織り込んでいます。舞台を通じて、日本の歴史や社会のことを眺めるのも好きです。

北川 北林作品を見ていますと、日本の歴史や文学などが土台にあるのを感じます。これまで取り組まれてきた様々な芸事と興味・関心がうまく結びついて、豊かな発想ができるのでしょうね。

北林さんはＯＳＫ日本歌劇団の作品も多く手がけられています。宝塚同様、女性だけで演じる特殊な世界ですが、その魅力はどういうところにあると思っておられますか。

北林 ＯＳＫの仕事は脚本家としての私の出発点なので思い入れがあります。それまで宝塚やＯＳＫも含めたたくさんの舞台、先輩方の素晴らしい作品を鑑賞してきました。それらがすべて自分の財産となって今の仕事に役立っています。

歌舞伎の世界では、男が女を演じるところに無理があるから、それが芸能として昇華されていくんです。同じように、女が男を演じる歌劇では、女性であることを克服しようとするところにいろんなジレンマが生まれます。ないものをあるようにしようとするところには必ず「無理」が生じる。と同時にその「無理」を美しく見せる技術が文化としておのずと積み上げられていくと思うのです。歌舞伎と歌劇に共通するものではないでしょうか。

北川 近松門左衛門の芸術論に「虚実皮膜」という言葉があります。「虚と実が混じり合う世界、虚と実の微妙な境目にこそ、面白さがある」という意味なのでしょうが、私はまさにそういう世界が大好きなんです。

一つの事件があったとして、それに関わった人の言い分はしばしば食い違いをみせます。それは、その事件に関わった人の数だけの「真実」があるからではないかと思うのです。「事実」と「真実」とは違います。客観的な「事実」の上に、それぞれの立場や思い、さらには願望、うそといった「虚」が重なり、「真実」が成立するのではないでしょうか。すごく人間的で、私にはそうした虚と実の混じり合う世界がとても魅力的に思えるのです。

北林 素敵ですね。歴史を土台にしながらも、史実だけではなくそこに無理やうそのようなファンタジックな部分を盛り込まないと、歌劇や歌舞伎は成立しにくい。「うつつと幻」の両方が大切なのです。うその部分を一生懸命作りこみ、その先に「真実」が見えてきたらいいなと思いながら書いています。

北川 私は歴史学を一生の仕事にしようと決意するまでにずいぶん悩みました。高校の同級生たちの圧倒的多数が医学部や法学部、工学部や経済学部といった、いわゆる実学の道に進む中、自分は歴史学なんかで、本当にいいのかと。歴史学をやったところで何か世の中の役に立つのか。大学に進んでからも、ずっと自問自答を繰り返しました。そんな時、大学の恩師の一人が「君が実学だと思っているその学問の中にもうそがある。君が虚学だという歴史学にも実がある。ほんとうの『実』は『虚』の中にこそあるんだよ」と教えてくれました。いい言葉を頂いたと深く感謝しています。今となっては全くその通りで、歴史学を学んでよかったと思っています。

大阪城パラディオン

北川 「大阪城パラディオン」は、真田幸村を主役に後藤又兵衛や木村重成、長宗我部盛親、塙団右衛門の5武将の多彩なキャラクターで大坂の陣を表現しようというものですが、演出家・脚本家としての意気込みは。

北林　真田家発祥の地、長野県上田市の真田町にも取材に行ってきました。作品の中でも上田は和歌山県の九度山町とともに大事な場所として登場します。

　真田家の菩提寺である長谷寺（ちょうこくじ）は、素晴らしい景色のパワースポットでした。たくさん植わっていた野生のツツジに、きりっとした媚びない武将・幸村の姿が思い浮かびました。

茶臼山の史跡碑前にて

　上田城を築く以前に真田氏の居城であった真田氏本城跡に立って周囲の山々を眺めると、ちょうどもやがかかっていたんです。山に囲まれ天然の要害の地であった真田の地に尋常ならざる空気、気配を感じることができました。

「パラディオン」は、和太鼓の世界と歌劇を結び付けた作品です。女性の優美さと太鼓の力強さを表現したいと思います。ファンタジーの部分もありますが、幸村の実像とのギャップを楽しんで見ていただけるのではないでしょうか。

北川　5人の個性的な役柄がそれぞれ引き立つ演出を考えるのは大変なご苦労だと思います。私は長年、真面目に歴史学に取り組んできたつもりですが、相談にのっているうちに、いつのまにか歴史・文化イベントの企画やテレビの歴史番組、時代劇、映画、舞台作品などの監修に関わるようになりました。こんな風になるとは夢にも思いませんでした。

北林　小説もお書きになればいいのに。北川先生は実はロマンチストですもんね（笑）。

（2015年3月号）

第17回

ゲスト
毎日放送アナウンサー
柏木宏之 さん

かしわぎ・ひろゆき
1958年生まれ。山口県に育ち、中学生の時大阪へ。関西外国語大学スペイン語学科卒業後、1983年に毎日放送入社。ニュースのほか「アップダウンクイズ」「あまからアベニュー」やラジオ「ヤングタウン」など幅広い番組を担当。上方落語などの演芸や文学への造詣も深い。

尽きぬ歴史の楽しみ　伝えたい

今回の対談のお相手は、毎日放送（MBS）アナウンサーの柏木宏之氏です。子どもの頃から歴史が好きだった柏木さんは、大人になってから大学で歴史を学び直し、ますますその魅力にとりつかれてしまいました。

社内で歴史サークル「まほろば歴史総研」を立ち上げたり、「大坂の陣歴史検定」を発案したりと「こんな面白い世界があるねんで」と歴史の面白さ、楽しみ方を伝え続ける柏木さんに北川央・大阪城天守閣館長が話を伺いました。

柏木 僕が歴史に興味を持つようになったのは小学4年の頃、当時住んでいた山口県で古代の石棺を目の当たりにしたのがきっかけです。

小学校のマラソンコースに「茶臼山」という小高い丘があり、そこに古い洋館がありました。あるとき住む人がいなくなったというので売りに出され、取り壊して住宅地にすることになった。土地を造成するためにブルドーザーで土を掘り返したところ、古い石棺が出てきたんです。

山口大学が調査を始め、現地説明会にぼくも参加しました。石棺は1500年前のものでした。大人たちの間に割り込んで入っていくと、石棺の前に出ました。子どもですから大人の話はよく分かりません。ただ、1500年も昔の人たちの墓や骨が、気の遠くなるような長い歳月を経て僕の目の前に現れたという事実に心が震えました。

当時の人たちは泣きながら埋葬したのかもしれない。儀式をしてからひつぎのふたを閉めたのかもしれない。そんな場所に今、自分は立っているのだと思ったら、何かが僕の脊髄をすっと通り抜けたような気がしたんです。その日を境に古代史にのめり込むようになりました。

北川 「本物に触れる」という体験が歴史好きの原点にあるのですね。私が学芸員を目指したのも、本物の文化財や歴史資料を自分の手で扱う醍醐味を知ったのがきっかけでした。柏木さんは最近になって、奈良大学で歴史を学ばれましたね。

柏木 僕は無類の歴史好きですが、全部雑学レベルだったんです。仕事を通じて北川先生をはじめ、大阪城天守閣の学芸員の先生方のお仕事ぶりを間近で見るうちに、その専門性の高さに圧倒され「学問として歴史を勉強するとはどういうことだろう」と真剣に考え始めたのです。

そんなとき、新聞で奈良大学通信教育部第1期生の募集が目に留まりました。小論文を書いて送ったら合格。2005年4月、文化財歴史学科の3年次に編入し、仕事の合間を縫って5年間通いました。念願だった博物館学芸員の資格も取得しました。実習を通して知ったのですが、歴史学者というのは現地調査で相当な距離を歩くとか。本当ですか。

北川 歴史研究者の全員が全員、歴史の現場に足を運ぶというわけではありませんが、私は必ず現地に行き、その上で原稿を書くようにしています。私の場合、1日に40㎞くらいは歩きますね。私は織豊期の政治史とは別に中～近世の庶民信仰史も研究テーマにしており、中でもメインの研究課題は「宗教と旅」です。西国三十三ヶ所の巡礼や四国八十八ヶ所の遍路、また伊勢参りや金毘羅参詣、熊野詣、善光寺参りなど、様々な信仰の旅を研究してきました。古い街道を、メモを取ったり写真を撮ったりしながら、当時の道中記に書いてある通りのルートで歩きます。宿舎を40㎞先にしか取っていないのでずっと歩いていくしかないのです（笑）。

研究室で古文書をいくら眺めていても、なかなか現地の情景が頭に浮かんできません。実際に現地に行くと、想像していたのとまるっきり違うということもしばしばです。やはりきちんと現地に足を運んだ上で書かないと、思わぬミスを犯してしまうというのが実感です。

柏木 アナウンサーも同じです。取材現場に行くのもカメラさんだけではだめ。自分も一緒に足を運んでそこの空気を吸い、光景を目に焼き付け、耳を澄ませる。そうして全身で感じてはじめてリポートできると思うのです。

現場に身を置けば、いくらでも想像をめぐらせることができます。例えば上町台地から見る生駒山。稜線（りょうせん）の形は古代とさほど変わりません。聖徳太子が四天王寺を創建する際に工事現場に来ていたとすると、大阪側から今われわれが見ているのと同じ生駒山を眺めていたかもしれない。豊臣秀吉や秀頼も同じ生駒山の稜線を見ていたはずです。

21世紀になり時代が進んでも、何

百年、何千年前のものが今の暮らしの中に点在しているのが日本の良さ。それらが私たちの祖先に直結しているというのも好奇心がくすぐられます。そんなことを感じられる場所に私たちは暮らし、毎日通勤したり仕事したりしているわけです。幸せですね。

「学び」感じる検定に

北川 毎日放送主催で5月に「大坂の陣歴史検定」が初めて実施されます。私も依頼を受けて監修させていただくことになりました。

大阪城「豊臣秀頼、淀殿ら自刃の地」碑前にて

秀吉亡き後、秀頼時代の豊臣家はいったいどのような存在だったのか。なぜ大坂の陣という戦が行われなければならなかったのか。また、大坂城が落城し、豊臣家が滅亡した後も、徳川幕府は豊臣家の巨大な影に悩まされ続けます。慶長19年（1614）・20年の大坂冬の陣・夏の陣だけでなく、秀吉の死から三代将軍徳川家光の慶安年間（1648〜52）頃まで、歴史の大きな流れの中に大坂の陣をきちんと位置付けたいと思います。

柏木 問題を解いていくうちに、「なるほど、そうだったのか」と納得や気付きの得られる検定にしたいと思っています。

歴史の醍醐味は、想像力を駆使して当時の人々の行動や感情といった営みを自分の中に再現すること。昔の人と気持ちを共有できたら断然面白くなりますね。これはいくらやってもお金がかかりませんし、罪にも問われません（笑）。

北川 柏木さんはアナウンサーで、歴史が大好き。アナウンサーのお仕事を通じて歴史の面白さや文化財の魅力を多くの人に伝えてくださる立派な「学芸員」です。われわれにとって大変頼もしい存在で、強い味方です。

（2015年4月号）

第18回

ゲスト
大阪大谷大学文学部 教授
高橋圭一 さん

たかはし・けいいち
1960年生まれ。徳島で生まれ、高知で育つ。司馬遼太郎や海音寺潮五郎の歴史小説が好きで京都へ。京都大学博士（文学）。近世文学（江戸時代の文学）の研究者で、上方落語や上方講談など古典芸能にも造詣が深い。

実録は「生長」する文学、だから面白い

今回の対談のお相手は、大阪大谷大学文学部教授の高橋圭一さんです。江戸時代の小説や講談の研究者で、著書に、近世実録が描いた大坂の陣での真田幸村や後藤又兵衛らの活躍ぶりについて考察した『大坂城の男たち—近世実録が描く英雄像』があります。

「実録」とは一体何なのか、また実録には大坂の陣がどのように描かれているのか。高橋氏と歴史シンポジウムなどでの共演もある北川央・大阪城天守閣館長が、実録に記された「虚実皮膜」の世界を探ります。

北川 まずは「実録」の定義を教えてください。

高橋 「実録」は、浮世草子や読本と同じ江戸時代の小説のジャンルの一つです。実際に起こった事件をもとに脚色を加えた内容で、手書きされた「写本」で伝わりました。

実在の人物が実名で書かれているため、江戸幕府は実録の出版を禁じ、出版物として世間に広めることを許しませんでした。そのため実録は本屋の店頭

に並ぶことはなく、店舗の奥に置いてあって、こっそりと貸し出されたり、貸本屋が写本を背負って得意先を回ったりしたようです。

元の内容は史実ですが、そこから少しずつ離れていき、最初に書かれたものと、のちに書かれたものとでは全く違った話になっていきます。うそがどんどん加わっていくのです。

北川 うそが多いのに「実録」というところがみそですね。歴史の史料としてそのまま使うわけにはいきませんが、内容は実に面白い。時代を経るごとに内容が変わっていくという点も重要で、その変化が歴史研究の対象になります。

高橋 そうなんです。だんだんにうそが重ねられていく。例えば、真田山の近くの三光神社の「真田の抜け穴」は「幸村が造った」とされていますが、『真田三代記』では「これは実は太閤さんが造った」、講談になると「太閤さんは偉かったと幸村が涙を流す」というような話に変わっていきます。

　人の手から手へと写されて流布していっただけでなく、講釈師がこれを講談のネタにした。「猿飛佐助」や「霧隠才蔵」などの面白い登場人物や逸話も増えていき、物語は膨らんでいきました。実録というのは生長していく「文学」なのです。

北川 実録にもいろんな題材があると思いますが、実録の世界では大坂の陣はどのように描かれているのでしょう。

高橋 大坂の陣を扱った実録は何種類かあります。例えば『厭蝕太平楽記』では、大坂寄りの記述が多く、どこを読んでも大坂方が勝っています（笑）。幸村を総軍師に仕立て上げたのも『厭蝕―』でした。どの戦いでも幸村が出て行けば勝つ。大野治長・治房が勝手に戦に行くと負ける。「なにやっとんねん」と、幸村が行って挽回し、最終的には勝つというストーリーです。

実録と史実の境界

高橋　徳川家康が討たれて天海（家康に仕えた僧）が影武者を務めたという話や、豊臣秀頼が大坂城で死なず、薩摩に逃げ延びる話などはまさに実録の世界でしょうね。

それまで豊臣方が勝ち続けてきたという内容だったのに、大坂城が落城し豊臣家は滅亡したというのでは筋が通らない。だから、実録では滅亡したのではなく薩摩へ行ってもう一回帰ってくる、「捲土重来（けんどちょうらい）を期す」という結末にしたのでしょう。

北川　先日、秀頼の薩摩落ちに関する現地調査のため鹿児島に行って来ました。南九州市の頴娃（えい）というところに「ゆきまる＝雪丸」と書いて「ゆんまい」という場所があり、そこに幸村の墓なるものがあります。

荒唐無稽な話ですが、大坂城から逃げ延びた幸村はその地の人と結婚して子どもができた。真田の姓では差し障りがあるので、間に江戸の「江」の字を

入れて「真江田」と名乗ったといい、真江田家というお宅があるんです。しかも家紋は六文銭。親戚もあって、こちらは難波家。やはり家紋は六文銭でした。

そして真江田さんは幸村の子孫だと信じておられる。そうなってくると、うそと事実の境界が全く分からない…。研究においても実録に記されることをどこまで史実として扱っていいのか、本当に悩ましい問題です。

高橋 「うそに歴史あり」と言いましてね。昨日、一昨日作ったうそなら単なるうそで済みますが、100年続いたらこれは少なくとも明治から続いているうそというわけです。実録はそれなりに筋が通っており、「なるほど」と思わせるストーリーになっています。

北川 それがくせ者なんです（笑）。史実としての大坂の陣の基本的な流れがあり、その合間、合間にうそがはめ込まれている。しかも、そのうそに「なるほど」と思わせるだけの理屈が付けられている。私のような歴史研究者でも、読んでいると、ついついその世界に引き込まれ、史実とうその境目が分からなくなります。

実録は史料に近い扱いをされてきた歴史もありますが、一方で現在の歴史小説のルーツであるとも言えます。私たちが通説だと思っている「歴史」の中には、実録が創り出したものが多いのかもしれませんね。

（2015年5月号）

三光神社「真田の抜け穴」前で

第19回

ゲスト
シンガーソングライター
リピート山中 さん

リピート・やまなか
1960年、神戸市生まれ。通常のライブ活動のほか、山小屋や山頂でのコンサート、小中学校でのコンサート、医師に同行しての往診コンサートなどを全国各地で精力的に行い、地球環境・家族・健康などをテーマにした歌でメッセージを届けている。モットーは「人と人との縁を結ぶ歌作り」。

秀吉の夢
平和のシンボル大阪城に

今回の対談のお相手は、シンガーソングライターのリピート山中さんです。1996年にメジャーデビューし、『ヨーデル食べ放題』が大ヒット。今年3月からはJR鶴橋駅の発車メロディーにもなっており、耳なじみの方も多いと思います。

5月7日に行われた大坂の陣400年天下一祭「大阪城　天下泰平の灯」では、大阪城天守閣の北川央館長とスペシャルトーク&ライブで共演。豊臣秀吉の辞世和歌を歌詞に入れたオリジナル曲を歌い上げ、時空を超えて、大坂城落城の瞬間に人々をいざないました。対談はイベント当日、大阪城天守閣で行われました。

北川 歌を始めたのはいつからですか。

山中 小学生の頃、グループサウンズが全盛でフォークソングの弾き語りに憧れました。12歳でギターを手に入れ、オリジナルソングを作るようになりました。プロとしてやっていけるようになったのは30代半ば、『ヨーデル〜』が世に出てからです。

現在は、通常のライブ活動のほか、保育園や介護老人保健施設、北アルプスの山小屋などギターを担いで全国各地を回っています。そこで出会った皆さんと共に歌い、メッセージを伝える活動をしています。

北川　リピートさんとの出会いは、私がストーリーの監修を手掛けた舞台作品『大坂夏の陣　踊るシジフォス！1615』（2007年8月）で主題歌を担当されたのがきっかけでした。大坂の陣は武士だけの戦いではなく、大坂の町人や摂津・河内・和泉の村々の農民も共に大坂城に籠城して戦ったという事実をもとにしたお芝居です。

ラストシーンにリピートさんが登場して主題歌『さめやらぬ夢』を歌われたのですが、それまでのお芝居がすべてリピートさんのためにあったのではないかというくらい（笑）、素晴らしい歌でした。

山中　秀吉が夢見た大坂城が燃え落ちるはかなさと美しさを歌った曲です。「形あるものは消えても、夢がある限り必ず華を咲かせる。夢を受け継ぐために生き抜くんだ」というメッセージを込めました。実際大阪城は1931年に3代目の天守閣が復興され、現在すでに80年余り、この地にあり続けています。

北川　この曲がとても良かったので、2008年の大阪城と上田城（長野県）との友好城郭提携の記念石碑除幕式にご出演をお願いしたら、頼んでもいないのにまた1曲作ってきて披露してくださいました（笑）。『雲の上から』という曲です。

ちょうどその日は澄み切った青空で、白い雲がプカプカと浮かんでいました。リピートさんの歌を聞いていると、その雲の上から、本当に太閤さんが私たちを眺めているような気がしました。

山中 作った歌です。この歌は太閤さんに語りかけるつもりで作った歌です。「太閤さん、雲の上から見てくださっていますか？ 大阪城は今、憩いの場として市民や観光客が訪れ、こんなに多くの人に愛されていますよ。あなたの夢は受け継がれ、あなたが作った城は今でもちゃんと生きています。戦国の覇者のあなたも戦争のない現代の日本を見て、平和が一番だとわかってくれるでしょう」と。

きっと太閤さんは上から「うんうん」とうなずいてくれているのではないでしょうか。

演出家だった太閤さん

北川 『踊るシジフォス！1615』と同じ2007年8月にOSK日本歌劇団のミュージカル『真田幸村〜夢・燃ゆる〜』のストーリーも監修させていただいたのですが、それ以来、いくつもの舞台作品の監修依頼が舞い込むようになりました。お芝居は制作の過程で、「やっぱりこうした方がいい」などと試行錯誤を繰り返しながら、脚本に変更を加えて完成していく。観客の期待通りではだめで、期待以上か、あるいは逆に期待を裏切るものを作らないといい作品とはいえません。

山中 そうですね。特に歌劇は主題歌がとても大事です。劇場を出た時にお客さんが主題歌を歌えるくらいのインパクトがないと。役者、音楽、ダンス、衣装などそれぞれの専門職は脚本家のイメージに沿うものを作るのではなく、それを上回るもの、想像以上のものを表現することが求められます。

北川 そういう意味では、秀吉はすごい「演出家」でした。有名なのは秀吉の最晩年、1598年に行われた「醍醐の花見」。醍醐寺は京都郊外の名刹ですが、もともと桜の名所ではありませんでした。秀吉はわずか1か月の間に山城・大和・河内・近江から約700本の桜を移植し、醍醐寺境内に吉野山を再現して、盛大な花見の宴を催しました。人々を驚かすのが大好きだったんです。

「一夜城」の逸話はその典型です。1590年、秀吉は最後まで抵抗を続ける小田原の北条氏を攻めるのですが、敵方に気付かれないよう、手前の樹木を残したまま、その裏側でひそかに築城工事を進めます。そして城が完成すると、一斉に木を伐った。昨日まで普通の山だったところに一夜にして見事な石垣の上に天守閣がそびえる立派な城が出現し、敵は度胆を抜かれました。

実際の戦闘が始まる前に敵を圧倒し、戦いの前には既に勝敗が決しているというのが秀吉の戦い方です。

山中　絶頂期にお会いしたかったですね。晩年は関白の職を譲った甥の秀次を自害に追い込んだり、朝鮮に出兵をしたり、さすがの太閤さんも感性がずれておかしくなったような気がします。

北川　日本人の大好きな『平家物語』の構造ととてもよく似ています。平清盛も秀吉も、のし上がっていく間は格好いいけれど、頂点に立つと暴君になり、世間の反発を買うようになってしまう。そして、彼らが亡くなったすぐ後で家そのものが滅んでしまう。瞬く間に這い上がり、栄耀栄華を極めたものの、その直後には没落・滅亡。この強烈なコントラストが日本人の心をつかんできました。

山中　生き方そのものがお芝居のようですね。滅び方もドラマチック。豊臣の城は跡形もなく埋められて地上に残っていない。

大阪城天守閣前「大阪城・上田城友好城郭提携」記念碑前にて

豊臣大坂城の天守は、黒漆塗の壁で、黒い城でした。現在の大阪城天守閣は最上層だけが黒であとは白。できれば壁の色を全部黒にして、豊臣の黒い城を再現したいというのがぼくの野望です（笑）。それは無理にしても、ぜひ長寿の城、平和のシンボルとしてこれからも末永く存在し続けてほしいと思います。

（２０１５年６月号）

第20回

ゲスト
大阪歴史博物館館長
栄原永遠男 さん

さかえはら・とわお
1946年生まれ。京都大学文学部卒業。同大大学院単位取得退学。大阪市大教授を経て2010年から同大名誉教授。正倉院文書研究会会長、条里制・古代都市研究会会長、出土銭貨研究会会長、東大寺史研究所所長。2014年4月から大阪歴史博物館館長。

上町台地が結ぶ古代と近世の大阪の歴史

住吉辺りから阿倍野・天王寺を経て大阪城・天満橋周辺まで、大阪市の南北を貫く上町台地。遠い昔は三方を海に囲まれ南から突き出た半島状の高台でした。

西日本各地や中国・朝鮮との交易が盛んになるにつれて、大阪湾を臨む台地北端部は、海上交通の要衝として発展。人や物だけでなく仏教など文化面においても華やかな交流の玄関口となりました。そんな上町台地には、古代・難波宮から近現代までの大阪の歴史が集積しています。

今回のゲストは、大阪歴史博物館館長の栄原永遠男氏。「大阪の歴史と文化の豊かさ、素晴らしさを国内外に発信したい」と話す栄原氏に、大阪城天守閣の北川央館長が話を聞きました。

栄原 東京に生まれ、まもなく大阪の西天満の寺町あたりに引っ越してきました。子ども時代の遊び場はお寺や墓場。大阪城にもしょっちゅう遊びに来ては石垣によじ登り、大名の刻印探しに夢中になっていました。読売新聞社が刊行した大人向けの日本歴史の全集を読みふけり、「歴史人物一覧表」を自分で作成して楽しむマニアックな少年でしたね（笑）。

北川　最初にお会いしたのは30年ほど前、私が神戸大学大学院で当時まだ古代史を学んでいた頃です。大阪市大の助教授だった栄原先生が講義に来てくださいました。私はその後、近世の研究に移ってしまったのですが、日本古代史の研究はその後ずいぶん進展したのでしょうね。

栄原　そうですね。古代の宮都の発掘調査が盛んになっており、平城京や長岡京、藤原京などでの調査によって、いろんなことが分かってきました。難波宮が置かれた大阪では、それよりもっと古い史料が出てきます。

当時の上町台地は、大小の谷が縦横に走っていました。谷には、暮らしの中で不要になったものが捨てられます。最近の調査では谷底まで深く掘るようになり、長年埋まっていたものがそのまま出てきます。難波宮の調査では急速にさまざまなことが明らかになってきました。

北川　日本古代史において、難波宮はどのように位置付けられるのでしょうか。

栄原　前期難波宮は、「大化の改新」という政治史上重要な局面でできた大規模な都です。強力な中央集権体制を整え、新しい時代が始まる象徴でした。

その頃のことは『日本書紀』にしか記述がありません。ですから、土器や木製品など具体的な遺物は、難波宮の存在を示す貴重な手掛かりなのです。長らく地中に埋もれ、謎に包まれていた難波宮の姿が明らかになることは、日本の古代国家がどのように形

成されたかを考える鍵となるでしょう。

北川 大和政権はその名の通り大和盆地を中心とする政治権力でしたが、なぜ難波に都を移したのでしょう。

栄原 大動乱期だった当時の東アジアの国際情勢が密接に関係していると思います。大唐帝国が朝鮮半島の高句麗を攻め、新羅と手を結びます。日本は百済と組んで唐・新羅に対抗することになりました。こうした国際的緊張の中で、日本も戦争に巻き込まれていったのです。

当時一番の外交の窓口だった難波に拠点を移し、唐・新羅に対抗する国家体制を固めようとしました。一生懸命だった当時の日本人の姿が目に浮かびます。

北川 私たちが「前期難波宮」と呼ぶ都は、『日本書紀』では「難波長柄豊碕宮（なにわながらとよさきのみや）」と記されています。「長柄」も「豊崎」も北区にある地名で、中央区の今、史跡公園になっている場所に宮殿があったとは、かつては誰も予想できませんでした。

栄原 大阪市大の教授であった山根徳太郎先生の執念ともいえる調査・研究のたまものです。でも、文字の意味をよく考えてみたら、長柄は「長い柄（ひしゃく）」、豊碕は「豊かな岬」。これは当時の上町台地の姿そのものなのです。

後世の地名に惑わされないで素直に文字を読めば、

大阪歴史博物館から見る難波宮跡

ここにあって当然ということになります。

北川 今では海が遠のいてしまったので、そうした古代の地形をイメージするのは難しくなり、そのことで難波宮の所在地が分からなくなってしまったというわけですね。

大阪の歴史を発信

北川 難波宮の調査で最近新たに分かったことはありますか。

栄原 昨年12月、都のメーンストリート「朱雀大路」の西の側溝とみられる溝跡が見つかりました。大きな発見で、一箇所基点が見つかれば延長線を狙って調査ができます。都の碁盤の目が東西南北どう走っていたのか。この発見を手掛かりに調査が進んでいくでしょう。

今年2月には、地方の行政単位「五十戸」を記した木簡が出土しました。書式が古く、難波宮に遷都した孝徳天皇の時代にさかのぼる可能性も考えられます。これも難波宮の存在を示す有力な史料です。

北川 今も新しい発見が続き、目が離せませんね。

ところで、昨年大阪歴史博物館の館長に就任されて、新たな企画を始められたそうですね。

栄原　館長の仕事の一つは、市民の皆さんに大阪の歴史をお伝えすることです。

　昨年始めた講座「館長と学ぼう　新しい大阪の歴史」は、当館の学芸員が研究する歴史や美術を学芸員自身が紹介し、後半は私が質問して内容に肉付けするという新しいコンセプトで取り組んでいます。古代史しか語れない私にはつらいところなのですが、聴衆代表として「素人目線」で質問を投げかけ、皆さんと一緒に学んでいます。次回は２０１５年９月と２０１６年２月に予定しています。

北川　難波宮跡は現在史跡公園として整備された部分だけでなく、隣接する大阪城公園内にも広がっています。逆に大坂城の方も豊臣秀吉の時代には現在の大阪城公園よりもはるかに広大で、難波宮の史跡公園一帯もかつては大坂城の内側でした。

　つまり大坂城と難波宮の遺構は上下に重なり合っているわけです。古代と近世で、時代は大きく隔たりますが、日本の歴史にとってこれほど重要な遺跡が同じ場所に重なるというのも、他ではなかなかないことです。それほど上町台地がこの日本という国にとって重要な場所であったことを示しています。

栄原　今年は大坂の陣４００年という節目の年ですが、大阪の歴史はその前後も途切れることなく続いていきます。

　大阪城天守閣と大阪歴史博物館のそれぞれの切り口を生かし、互いに協力し合って、この地で育まれた豊かな歴史を広く発信していきましょう。

（２０１５年７月号）

第21回

ゲスト
元宝塚歌劇団男役
朝宮真由 さん

あさみや・まゆ
西宮市生まれ。1991年宝塚歌劇団に入団し、月組公演「ベルサイユのばら オスカル編」で初舞台。星組、宙組で男役として活躍した。2002年に退団後は関西を中心にテレビ・ラジオ番組に出演。タレントとして活動する傍ら、子供ミュージカルスクールを主宰。

「豊国踊り《ほうこくおど》」
大阪の新たな夏の風物詩に

大坂の陣から400年を迎えるにあたって、大阪府・大阪市などを中心に大坂の陣400年プロジェクト実行委員会が組織され、大阪城の歴史や大阪の伝統・文化に触れてもらおうと様々な事業が行われています。

その一環として、「市民が主役で参加できるイベントを」と企画されたのが「豊国（ほうこく）踊り」。京都の豊国（とよくに）神社で行われた豊臣秀吉七回忌の大祭礼で、町衆が繰り広げたにぎやかな踊りです。

このほど文献や絵画史料をもとに踊りが再現され、8月8日、豊臣家の本拠地であった大阪城で披露されることになりました。

今回のゲストは豊国踊りに踊り手として参加した元宝塚歌劇団男役スターの朝宮真由さん。踊りを企画・監修した大阪城天守閣の北川央館長が話を聞きました。

北川 秀吉は慶長3年（1598）に62歳で生涯を閉じます。死後、自ら神となることを望んだ秀吉は、翌年4月に朝廷から「豊国（とよくに）大明神」という神号を贈られ「神様」になりました。

七回忌にあたる慶長9年（1604）8月、京都・東山の豊国神社で盛大な祭礼が行われました。そのクライマックスが「豊国踊り」で、上京、下京の町人総勢1500人が豊国神社前に集まり、それぞれそろいの衣装や法被を着て踊りました。

その様子は、秀吉の側近が書いた『豊国大明神臨時御祭礼記録』に記されているほか、京都の豊国神社と名古屋の徳川美術館が所蔵する2種類の『豊国（ほうこく）祭礼図屏風』に生き生きと描かれています。

これらの史料をもとに、歴史学・芸能史・風俗史などの分野から学術的な再現を試みたのが今回の豊国踊りです。

朝宮 屏風絵を見ると老若男女が幾重にも輪になって楽しそうに踊っていますね。今はない踊りなので最初は不安でしたが、屏風絵から群衆の熱気が伝わってきてイメージが湧きました。

気分が高揚し、湧き上がって来るのを抑えきれずに体が動いてしまう、そのような感覚でしょうか。屏風絵の中に入り込み、当時の民衆になりきった気持ちで楽しく踊りました。

北川 応仁の乱以来、130年の長きにわたっていわゆる戦国時代が続き、民衆は戦乱に続く戦乱で大変苦しんだわけですが、豊臣秀吉が登場し、天下統一を成し遂げたおかげで、人々は平和を謳歌できる時代を迎えたわけです。諸事派手好きな秀吉の性格を反映して、秀吉の時代には様々な文化・芸能も花開きました。当時の人たちは、そんな秀吉への「感謝の気持ち」を踊りで表したのではないでしょうか。8年後の慶長16年（1611）に徳川家康は秀吉の息子である秀頼を京都に呼び付け、二条城で会見を行いましたが、その際、京都の民衆は熱狂して秀頼を迎えました。

秀吉亡き後、着実に政権奪取への布石を打ってきた家康には脅威に感じられたはずです。町人の中にはいまだに熱狂的な秀吉人気、豊臣人気が続いていることを思い知らされたのですから。

朝宮 踊りは最初、能のような「静」の世界から始まり、「動」へと徐々にテンポが上がっていきます。終盤はお囃子の横笛が高揚感を演出し、跳ねる感じ、湧き上がるエネルギッシュなリズムに自然と体が動き出します。

8日のお披露目では、見ている人も巻き込んで一緒に踊ります。振付は自由です。現代風のヒップホップでも何でもいい。当時の民衆がそうだったように、湧き出る思いを炸裂させ、燃え尽きましょう。

歌劇は大阪の伝統文化

北川 今回の再現は、可能な限り、「大阪・関西の文化の力で作り上げる」ことにこだわりました。踊りの作・演出は大蔵流狂言師の茂山千三郎さん、音楽は横笛奏者の藤舎貴生さん、振付は上方舞・山村流宗家の山村友五郎さんと一流の方にお願いしました。

踊り手を宝塚歌劇団とOSK日本歌劇団のOGの皆さんにお願いしたのは、世界で唯一、女性だけで演じる「歌劇」が関西で育まれた立派な伝統文化だと思っているからです。

朝宮　今回、ＯＳＫ出身の方と一緒に取り組んだことは新鮮な経験でした。所属は違っても、歌劇の世界で生きてきた者同士、ひかれ合うものがありました。試行錯誤するうちに気持ちが一つになれたように思います。

宝塚の十八番といえば「ベルサイユのばら」。１００年続く伝統の中で受け継がれてきた演技の「型」は、私たちが勝手に崩すことはできません。でも豊国踊りは振付が全くないところからのスタートでしたので、踊りにアレンジを加えていける。わくわくしました。

伝統的な「型」を代々受け継ぐという点では、歌舞伎や文楽も同じですね。

北川　生きている芸能は新作がどんどん生まれます。

例えば落語は古典がある一方で、新作落語が次々に作られています。文楽も最初から古典があったわけではありません。『心中天網島』も『曽根崎心中』も当時起きた心中事件をリアルタイムに舞台化したものです。

文楽独特の語りを残しつつ、今の出来事を現代語で舞台化するなど「見せ方」を工夫すれば、文楽の敷居も少しは下がるかもしれません。伝統を守りな

豊臣秀吉を祭る大阪城内の豊國（ほうこく）神社で

がら新しいことに挑戦する。それがひいては伝統芸能への関心を高め、ファンを増やし、結果として「伝統芸能を生かす」ことにつながると思うのですが。

朝宮 北川先生も舞台に関わる仕事が増えましたね。

北川 芸能に関わるようになったのは神楽の調査・研究がきっかけです。後継者難に苦しんでいた神楽を見事に再生させた手法が評価されて、一昨年まで長い間、東京・国立劇場の伝統芸能後継者養成研修講師を務めました。

学芸員の仕事の最終的な目的は、有形であれ、無形であれ、文化財をより良い形で後世に伝えていくこと。そのためには、皆さんに歴史の面白さや文化財の価値を知ってもらわねばなりません。

いくら研究者が、大切だ、貴重だと口酸っぱく言い続けたところで、なかなか世間の方々にその思いを共有していただくのは容易ではありません。でも、いったん面白いと思ってもらったら、我々がいちいち教えなくても、勝手に市民の方々自身が調べて勉強してくださる。歴史は面白い、文化財は素晴らしいと思ってくださる方が増えたならば、文化財を後世に残していこうと市民合意も形成される。私はいろんなことを手がけているように思われているのですが、実は目的はただ一つ。「文化財をより良い形で後世に伝えていくこと」なのです。

今回の豊国踊りは、色々な方々の力が一つになってようやく再現することができました。ですから、一過性のもので終わらせたくありません。できれば大阪の新たな夏の風物詩になってほしい。何年も経ってから、実はあの「豊国踊り」は大坂の陣400年のときに再現されたんだよ、と言われるようになれば一番うれしいですね。

朝宮 50年後も100年後も大勢の市民で踊って「大阪の夏は豊国踊り」と言ってもらえるような伝統文化になるといいですね。

（2015年8月号）

第22回

ゲスト
上方舞山村流 六世宗家
山村友五郎 さん

やまむら・ともごろう
1964年大阪生まれ。祖母の山村流四世宗家・若、母・糸のもと、幼少より修業する。92年、六世宗家山村若を襲名。06年、創流二百年祭を開催。14年、長男・侑に若の名を譲り、山村友五郎（三代目）を襲名する。一門の舞踊会「舞扇会」を主催するほか、同世代の舞踊家５人で「五耀會」を結成し、流派を超えて日本舞踊の普及に努める。流儀に伝わる振りと浮世絵や文献から、流祖振付の変化舞踊「慣（みなろうて）ちょっと七化」を復元するなど、復曲にも意欲的に取り組んでいる。国立文楽劇場養成科講師、宝塚歌劇団日本舞踊講師、大阪芸術大学非常勤講師。07年・文化庁芸術祭優秀賞、10年・芸術選奨文部科学大臣賞、15年・日本芸術院賞など受賞多数。

暮らしに息づく 上方文化　伝えたい

現在伝承される上方舞のうち、「山村流」は江戸時代後期に生まれた最古の流派。楳茂都（うめもと）流、井上流、吉村流とともに「上方四流」の一つに数えられます。

今回のゲストは山村流六世宗家の山村友五郎氏。２０１４年７月に三代目を襲名した友五郎氏は、伝統の継承に力を注ぐ一方で、「振付師」として歌舞伎や文楽、宝塚歌劇団、ＯＳＫ日本歌劇団など多方面で活躍されています。

このほど、大坂の陣４００年プロジェクトの一環で企画された「豊国踊り」の再現でも振付を担当した友五郎氏に、大阪城天守閣の北川央館長が話を聞きました。

北川　上方舞と江戸の舞踊では何か大きな違いはあるのですか。

山村 上方舞は江戸時代、京阪地域で舞われた舞踊です。「上方舞」は私たちが名付けたわけではありません。江戸の人たちが自分たちと区別するためにそう呼んだのです。私たちは山村流を「日本舞踊の一流派」ととらえています。

北川 「座敷舞」や「地唄舞」と呼ばれますね。

山村 歌舞伎を中心に「劇場」で発展してきた江戸の舞踊に対し、上方舞は地唄の三味線に合わせて舞った「座敷舞」が始まりです。座敷が商人の交流の場であった当時、発表の舞台もやはり座敷が中心でした。人々の娯楽は家の中にあり、そんな庶民の暮らしや文化の中で育まれてきたのが上方舞です。

谷崎潤一郎の代表作『細雪』に出てくる主人公姉妹、蒔岡家の四女・妙子が山村流の『ゆき』を舞う場面があります。良家の娘さんがちょっと着飾り、稽古した舞を披露してみんなを楽しませる。行儀作法や身だしなみを身に付ける商家の子女のお稽古事として山村流は広がり、「大阪の舞は山村か、山村は大阪の舞か」と言われるほど隆盛を極めました。

しかし戦後、大阪の「花街」は衰退し、家々からも座敷が消えていきました。娯楽は外へと向き、家に師匠が出向いて教えていた「出稽古」は、カルチャーセンターに取って代わられました。今では主に「劇場」が発表の場となりました。

北川 昔は旦那衆のたしなみとして親しまれた謡が今は廃れてしまったように、時代も社会の仕組みも様変わりし、趣味やお稽古事も多様化しました。そうした世の中の変化に対応して新しい流派の在り方を模索していかなければならないのでしょうね。

山村 山村流の流祖・友五郎は、歌舞伎役者、三世中村歌右衛門の「振付師」として、歌右衛門と共に上方歌舞伎の最盛期を築き上げた人です。その名が「振付師」として番付に載った1806（文化3）年を創流の年と定めています。初代、二代は男の友五郎、その後は女性が宗家を継いできました。

五世を継ぐはずの母が早くに亡くなり、私が20歳の時、四世宗家である祖母に突然呼ばれて「お前が宗家を継ぎなさい」と言われました。母に五世宗家を追贈し、1992年、六世宗家、山村若を襲名。そして昨年、120年ぶりに名跡・山村友五郎を襲名させていただきました。

振付師としての顔もあった初代と二代目同様、若い頃から私も歌舞伎や文楽、宝塚歌劇などの振付を手掛けていました。次第に初代を意識するようになり、襲名は自然な流れでした。

女性らしい舞といわれ山村流の主流である座敷舞（地唄舞）と源流にある上方歌舞伎の舞踊。この2つの流れを大切に継承していくことが、流儀を預かる私の務めだと思っています。

大阪独自の文化に誇り

北川　昨年の襲名では、ミナミのまちを挙げて名跡・山村友五郎の復活をお祝いされましたね。山村流がしっかりと地域に根付いていることを再認識しました。

これまで古臭いと思われていた「和」や「伝統」といったものに今、追い風が吹いています。若者にとっては、これまで触れることのなかった新しい世界に感じられるのでしょう。山村流を学びたいという方はどんな入り口から来られますか。

山村　若い人だとホームページから連絡してくるケースが多いですね。昔習っていて、子育てを終えたからと戻ってこられる方もいらっしゃいます。

着物と同じで日本舞踊は一生もの。子どもの頃に習っていると、大人になってからでも体が覚えていてすぐに稽古に戻ることができるんです。

北川　年をとって人生経験を重ねるほど、芸に深みが出てくる。息の長い芸能ですね。

ところで、今回豊国踊りの振付を担当されていかがでしたか。

山村　私は大阪城のお膝元、上町台地に生まれ育ちました。当時の東平小学校、上町中学校の卒業生です。大阪城は毎日のジョギングコースでもあり、豊國神社には必ずお参りに立ち寄ります。そんなことで、今回ご縁を頂けたのはありがたいことでした。

　豊国踊りは、１５００人の群衆が踊ったものです。おそらく一回見たらすぐに覚えられるような単純な振付だったでしょう。思わず「参加したい」と思わせるような魅力ある踊りでもあったと推測されました。上方舞の振りの中から、輪踊りの伝統的な踏んだり跳ねたりという振りを選び、つなぎ合わせていきました。

大阪城天守閣前にて

北川　今回の再現は、「大阪・関西の文化の力で作り上げる」ことにこだわりました。

　東京一極集中で、瞬時に全国に一律の情報がもたらされる時代です。しかし、何もかもが東京発の文化に染まっていくのは口惜しい。大阪には受け継がれてきた独自の暮らしや文化があります。

　「上方舞」「上方歌舞伎」「上方落語」「文楽」などの伝統芸能をはじめ、大阪の人々の「暮らしの中に息づく文化」を掘り起し復活させ、発信し続けていきたいと思っています。

山村　昨年のお正月に大阪城天守閣で「ちょろけん」を復活されましたね。「ちょろけん」は江戸時代の大坂や京都で行われたお正月の門付芸ですが、実は山村流の舞の中にこの「ちょろけん」を取り入れた演目が今も残っているのです。祖母や母に伝え聞いた大阪のまちのにぎわいや匂いのようなものを舞に残し、次の時代に伝えていきたいですね。

（２０１５年９月号）

第23回

ゲスト

元大阪市下水道科学館館長

山野寿男 さん

やまの・ひさお

1937年大阪府忠岡町生まれ。北海道大学工学部衛生工学科卒業。専門は下水道工学・土木史。62年に大阪市土木局下水部に入庁。在職中、大阪市下水道科学館館長を務めた。近世大坂の地形や河川、まちに詳しく、『—近世大阪の水道—背割下水の研究』など多くの著書がある。

いまに受け継ぐ「太閤下水」

1583（天正11）年に大坂城築城を開始した豊臣秀吉は、築城に先駆けて城下町の建設に着手しました。初期の城下町は上町台地上に造られ、南北路が軸となりましたが、秀吉晩年に開発された船場では東西路が軸になりました。秀吉が造り上げた街並みは、そのまま現在の大阪の街に継承されています。

淀川と大和川が合流し海に注ぎ込む河口部に立地する大坂は、低湿な土地が多く、古くから雨水と汚水の排水が重要課題でした。秀吉は町家などから出る下水を排水するための溝を町中に巡らせました。今も一部が現役で使われており、「背割（せわり）下水」、または親しみを込めて「太閤下水」と呼ばれています。

今回のゲストは、長年大阪市の下水道行政に携わり、近世大坂の河川や下水道・湧水・井戸など水全般にわたって詳しい山野寿男氏です。

山野 大阪市役所に入り、土木局下水部に配属されたのは1962年です。市が下水道の普及に力を入れ始めた頃でした。やがて国も「下水道整備緊急

措置法」を制定し、全国挙げての工事が始まりました。私は下水処理場の設計を担当し、14年間ひたすら設計に明け暮れました。

大阪万博翌年の71年には、大阪市下水道局が発足しました。当時は水洗化の普及が喫緊の課題でした。82年には全12下水処理場が高級処理化され、その時点での下水道普及率は98・6%。限られた予算で短期間に事業成果をあげた市の実績は、下水道史に残るものだと思います。

北川 国内で最先端をいく大阪市の下水道行政の第一線を担ってこられたのですね。

山野 今や都市のインフラ整備に欠くことのできない下水道ですが、ルーツをたどると秀吉の時代にさかのぼります。

大坂城築城に伴うまちづくりでは、上町や船場地区が開発され、道路と併せて街区の中央に下水溝が造られました。溝の位置が建物の裏側、すなわち建物同士が背中合わせになるところに造られたことから、後に「背割下水」と名付けられました。道路を境に町を分ける現在と異なり、当時は背割下水の位置が町の境界とされました。

北川 道を挟んで向かい合う家々を同じ町としたわけです。今も上町や船場では道に面した両側が同じ町名になっています。往時の町の分け方が、そのまま現在の大阪の町の区割りに影響しているわけです。

山野 近世の絵図には、上町と船場に大きな排水路が描かれています。これが「大水道」です。

上町の下水は西へと勾配面を利用して自然に東横

堀川へ流れ、船場の下水はいったん大水道に集められて、西横堀川へ排水されました。今から400年も前に、このような整然とした下水道を組み込んだまちづくりが行われたことは画期的で、世界の都市を見てもこれほどの規模のものは見当たりません。

北川　秀吉は「土木工事の専門家」だったのだと思います。大坂城・聚楽第・伏見城・肥前名護屋城などたくさんの城を築き、淀川両岸に強固な堤（文禄堤）を造って流路を固定しました。戦においても土木技術を活かした戦法で勝利しています。

1590（天正18）年に小田原の北条氏を攻めた際には、敵方に気付かれないよう手前に樹木を残してひそかに築城し、完成すると一斉に木を切り一夜にして城を出現させた「一夜城」が有名です。

1582（天正10）年の毛利氏との戦いでは、川の水をせき止めて、わずか12日間で長さ4km、高さ7mの堤防を築き、梅雨で増水した川の水を高松城下に引き込み、城を湖の中の浮島にして勝利しました。

他にも清洲城の割普請、墨俣一夜城など、秀吉には土木工事に関わるさまざまな逸話が伝えられています。そうした土木技術の知識が城下町建設にも生かされたのでしょう。

市民の生活支える上・下水道

北川　大阪の下水道は秀吉の城下町建設に端を発し整備されましたが、一方上水道は整備されないまま近代を迎えました。大坂には豊かな水量を誇る淀川水系の水があり、川の水を飲用水にしていました。また、上町台地には「天王寺七名水」や「谷の清水」「産湯の清水」など良質な湧き水が多くありますね。

山野　上町台地は「砂層」「粘土層」「砂礫層」の3層構造で構成されています。粘土層は水を

人が立てる高さのある太閤（背割）下水内部

通さないので、その上の砂層にたまった雨水がろ過され、きれいな水となって近世には湧き出たんです。

北川 文献史料にも、淀川の上流で雨が降ると水が濁って飲めなくなるので、船場の人たちが上町に水を汲みに行くのに長い行列ができ、そうした人々のために夜もちょうちんが掲げられた、とあります。それくらい良い水に恵まれたのですね。

山野 地下鉄などを縦横無尽に造ってしまったことで、残念ながらそれらの名水もほとんど枯れてしまいました。

一方で、明治に入り、コレラの流行を契機に上水道がつくられ、下水道が改良されました。

背割下水は、江戸時代に溝の両岸に石垣が築かれましたが、明治期には、その石組みの内側をU字型にコンクリートで固めて下水が外部へにじみ出さないようにしたり、上部にふたをして暗渠（あんきょ）にしたりして改良工事が進められました。今も約20kmが公共下水道として立派に役割を果たしています。

近年、局地的な豪雨や台風による洪水被害が各地で相次いでいますが、現在のアスファルト舗装では9割以上が地上に流出し、それが全て下水道に集中してしまいます。水害に強い大阪のまちづくりに向け、懸命の対策は今も続いています。

北川 近世初頭に造られた太閤さんの下水道が、改良を重ねながら現在まで使われ続けてきたのは本当に素晴らしいですね。

南大江小の正門横にある「太閤下水」の見学施設で

山野 世界に先駆けて建設され、400年にわたり市民の生活を支えてきた背割下水は、これからも末永く守られ、大阪市の下水道の原点として語り継がれていくのでしょう。

（2015年10月号）

第24回

ゲスト
元ＯＳＫ日本歌劇団娘役トップスター
沙月梨乃 さん

さつき・りの
大阪府出身。1991年ＯＳＫ日本歌劇学校入学。93年ＯＳＫ日本歌劇団入団、娘役トップスターを務める。2003年に退団後は、テレビや映画、舞台作品に多数出演。2006年から、和太鼓グループ「打打打団　天鼓」のヨーロッパコンサートツアーに同行し、和太鼓に合わせて歌と日本舞踊を披露した。

ミラノ万博で魅せた日本の「歌劇」

「食」をテーマにイタリア・ミラノで開催された「２０１５年ミラノ国際博覧会（万博）」。会場は連日盛況で、中でも日本館は一番人気のあるパビリオンでした。そんな日本館のイベント広場で９月に行われた大阪市主催のイベントでは、〝食の都〟大阪の多彩な食文化や観光の魅力が世界に向けて発信されました。

このイベントのために結成された歌劇ユニット「大阪城サムライ・レディーズ」に参加した元ＯＳＫ日本歌劇団娘役トップスターの沙月梨乃さんが今回のゲストです。舞台を監修し、同じ舞台で行われた講演では大阪城の歴史や魅力をヨーロッパの人たちに伝えた北川央館長と話が弾みました。

北川　ミラノ万博の公演のタイトルは『Samurai nel Osaka Castello（Samurai in Osaka Castle）』。日本のサムライ文化を知ってもらい、同時に大阪で生まれ発展した宝塚歌劇団やＯＳＫ日本歌劇団という「女性だけの歌劇」の魅力を発信したいと考えました。

物語の舞台は今からちょうど400年前の大坂の陣。大坂城落城の前日に行われた「道明寺合戦」で、豊臣方の智将・真田幸村は徳川方の独眼竜・伊達政宗隊と激突します。しかし、幸村は伊達家の家老、片倉景綱の嫡男である片倉小十郎重綱の武将としての力量と人柄を大変高く評価していました。大坂城落城と自分の死が近いことを悟っていた幸村は、その小十郎に、娘の阿梅（おうめ）を託すのです。

その後阿梅は小十郎の妻となり、妹の阿菖蒲（おしょうぶ）や弟の大八も阿梅のもとに身を寄せました。大八の子孫はのちに「片倉」から「真田」に復姓し、奥州仙台に真田家が復活します。この「仙台真田家」は今日に至るまで連綿と継承されてきました。今回の作品はこうした史実をもとに作りました。

沙月 片倉家の城下町であった宮城県白石市ではこの話をもとにした「鬼小十郎祭り」が毎年10月に盛大に行われているそうですね。阿梅役をやらせていただき、大坂の陣の戦いの裏側にあった幸村親子の逸話を初めて知りました。

北川 幸村役として元OSKトップスターの桜花昇ぼるさん、小十郎役として元宝塚歌劇団男役スターの鳴海じゅんさんにご出演いただきました。

沙月さんと桜花さんはOSKの同期だそうですね。桜花さんはトップスターになられましたが、歌劇学校時代、沙月さんも成績が大変良く、劇団員になってからは出世街道をまい進し、瞬く間に娘役トップになられたとか。桜花さんからは、「いつも沙月さんに怒られてばかりいた」と聞きました。

沙月 歌劇学校の成績は私と桜花が1番2番でした。学校時代は何でも連帯責任でしたから、同期がミスをしても常に成績上位の私たち2人が代表で怒られていました。

ミラノ公演では、その桜花と親子の役。声のトー

ンを変えたり、可愛いしぐさを工夫したりして、娘の役を演じました。

舞台でのせりふは日本語で、背景にイタリア語の字幕が入ります。途中、オペラ『トゥーランドット』のイタリア歌曲『誰も寝てはならぬ』を3人で歌った瞬間、会場のテンションがぐっと上がりました。カーテンコールでは皆さんが大変喜んでくださり、本当にうれしかったですね。

北川　宝塚歌劇の創始者である小林一三は、宝塚歌劇に本場パリのレビューを取り入れました。歌舞伎が男性だけの舞台であるのに対して、宝塚やOSKの歌劇は女性だけで演じます。ミラノ万博では、女性が男性をも演じる日本の歌劇は「日本独自の文化」だということも伝えたかったのです。

沙月　2公演とも熱心に観ているイタリア人の若い女性たちがいらして、終演後には記念撮影もせがまれたのですが、聞いたら熱心な宝塚ファンだということでした。私たちが演じる独特の日本の歌劇が、本場ヨーロッパでも受け入れられていることを感じました。日本の武将のスタイルもヨーロッパの方には大人気でしたね。

北川　大阪市と姉妹都市提携を結んでいるミラノ市の街はいかがでしたか。

沙月　オペラの殿堂「スカラ座」や大聖堂「ドゥオーモ」、プラダ本店があるアーチ型のガラス天井が優美なアーケード「ガッレリア」など、趣のある建物が並ぶとてもおしゃれな街でした。

北川　ヨーロッパの都市は旧市街をきちんと残して、新市街をその外側に造るのがいいですね。日本はスクラップ・アンド・ビルドなんて言って、伝統的な家屋や街並みを破壊して新たな街を造ります。少しはヨーロッパを見習ってほしいものです。スカラ座、ドゥオーモ、ガッレリアなどはいずれも至近距離に位置して、旧市街のど真ん中にあります。ミラノという街の重厚な歴史が凝縮された一画でした。

幸村作品 これからも

北川　沙月さんの舞台はこれまで何度か拝見しましたが、とにかく歌声が素晴らしく、いつも心を揺さぶられます。今年3月、和歌山県九度山町で上演したミュージカル『将星☆真田幸村』には、淀殿の役で出演いただきました。来年はＮＨＫ大河ドラマ『真田丸』もあり、これまで私が関わってきた幸村作品の再演や、新たな作品を作る機会に恵まれるかもしれません。そうした折には、ぜひ沙月さんにも出演していただきたいと思います。

沙月　ＯＳＫを退団後もさまざまな舞台に声をかけていただき、ありがたいことです。以前から関心のあった着付けやヘアメイクを学ぶなど、退団後は今までやりたかったことを全部やりました。次は何に挑戦しようかわくわくします。

北川　私も多忙の極みにありますが、それでもやりたいことが山ほどあります。それが元気の源かもしれません。

沙月　やらせていただけるものがあるのは幸せなことです。いただけるお仕事を精一杯やる、今後もその思いで役者を続けていきます。

（２０１５年11月号）

安居神社「真田幸村戦歿地」碑前にて

第25回

ゲスト
歴史アイドル
小日向えり さん

こひなた・えり
歴史アイドルとして全国各地のイベントやラジオなどで活躍中。関ケ原観光大使、信州上田観光大使、会津親善大使。趣味は城や古戦場、墓巡り。三国志検定1級の資格を持つ。10月23日に4冊目の著書『いざ、真田の聖地へ』を出版。

歴史楽しむ入り口　身近に

２０１４年から１５年にかけて盛大に行われた「大坂の陣４００年」関連のイベントに続き、来年1月からは大河ドラマ「真田丸」が始まります。

今回のゲストは、「戦国武将の中で真田三代が一番好き」という歴史アイドル（歴ドル）の小日向えりさんです。歴史好きな女性「歴女」の代表的存在として、全国各地のイベントに引っ張りだこの小日向さん。男女の歴史観の違いや歴史の楽しさを語ってくれました。聞き手は大阪城天守閣の北川央館長。

小日向　奈良出身です。法隆寺まで歩いて行ける距離のところに家があり、幼い頃から神社仏閣は身近なものでした。

中学時代から雑誌モデルになるのが夢。「東京に出たい」と高校生のとき、上京を決意しました。親に反対されましたが、「国立大学に進学するなら認める」との母の言葉に、夢をかなえたい一心で猛勉強。晴れて横浜国立大学に入学しました。

ところが1年近く仕事がなく、生活するのがやっとの日々でした。そんな時、「趣味の歴史を生かそう」

と始めたのが歴ドルの活動です。

北川　なぜ歴史に興味を持つようになったのですか。

小日向　実は、歴史に目覚めたのは「三国志」のTシャツがきっかけです。大学時代、変わったTシャツを集める趣味があり、たまたま買ったのが「張飛」が描かれたTシャツ。「これは誰だろう」と調べていくうちに、漫画「三国志」に行き着きました。数日で全60巻を読破し、すっかりはまってしまいました。

　そのうち司馬遼太郎さんや池波正太郎さんの歴史小説を読むようになりました。

北川　女性は例えば「坂本竜馬が好き」と特定の人物を好きになる傾向が強いですね。「土方歳三も好き」と敵同士をどちらも好きになったりする。男性とは違った歴史の楽しみ方をしているなと感じます。

小日向　以前、『イケメン幕末史』（PHP新書）を上梓しましたが、敵対していても、皆好きな人物として取り上げています。男性から見れば「節操ない」と思われるかもしれません。でも「三国志」の英雄たちのように、それぞれに義があり正義のために戦っている。そんな姿に魅力を感じます。

　歴史の中でも三国志、戦国、幕末と動乱の時代が好き。お気に入りの武将は、戦国時代なら真田幸村。彼氏にするなら石田三成です（笑）。

北川「冷徹な官僚」のイメージが強い三成のどんなところがいいのですか。

小日向 幸村は欠点がなく、尊敬できる上司のようなタイプ。一方の三成は、豊臣秀吉に対するいじらしいほどの忠義心を持っていることや、不器用な面をいとおしく感じます。

北川 真田幸村は上司にしたい人ですか。面白い感覚ですね。

小日向 男性と女性で歴史の捉え方はずいぶん

異なると思うんです。男性は、歴史上の人物の権謀術数や時代全体を見て楽しみます。また特定の人物の生き様を自分の生きる指針にする人もいます。

女性は、人物像や交友関係に興味を抱くような気がします。気になる人がいれば、好きな食べ物とかどんなささいなことでもその人のことを知りたいと思う。恋愛感情に似た気持ちかもしれません。

真田ゆかりの地を取材

北川 小日向さんは、このたび『いざ、真田の聖地へ』(主婦と生活社)を出版されました。ご依頼を受けて、私も内容を監修させていただきましたが、とても読みやすく、楽しい本になっています。小日向さんの「真田の追っかけ」でできた本ですね。

小日向 長野県の上田、松代、和歌山県の九度山、大阪など全国の史跡を6年かけて訪ね歩いた「真田ゆかりの地巡礼」の集大成です。真田一族のことをあまり知らない人でも楽しめるようガイドブックの要素を入れました。

真田家ゆかりの史跡や伝説は大阪にもたくさんあ

りますね。例えば平野区の全興寺（せんこうじ）には、首だけのお地蔵さんが祭られています。大坂夏の陣のとき、幸村が徳川家康を吹き飛ばそうと地蔵堂に爆薬を仕掛けていたのが失敗し、代わりにお地蔵さんの首が境内に飛んできたとか。

そんな言い伝えを地元の人たちが大切に語り継いできました。

北川 大阪は東京と並ぶ現代都市として繁栄を続けてきたので、これまであまり歴史を大切にしてきませんでした。

しかし、大阪には京都や奈良に負けない豊かな歴史がある。しかも、寺社中心の京都・奈良に対し、大阪にはもちろん四天王寺や住吉大社といった有名な寺社もありますが、何といっても豊臣秀吉が天下統一の拠点として築いた大阪城があり、大坂の陣ゆかりの地がたくさんある。京都・奈良とは少し趣の異なる歴史観光を提案することが可能です。

大阪についていては、これまで歴史観光の対象とされてこなかったので、ほとんど手付かずの状態です。それだけに、まだまだ伸びしろがあり、大きな可能

心眼寺山門前「真田幸村出丸城跡」の碑で

性があります。「大坂の陣４００年」は大阪での歴史観光の定着を目指した取り組みでもありました。これを機に、大阪の人たち自身も地元の歴史が持つ面白さや価値を改めて認識してくださったのではないでしょうか。

小日向　私も上京して初めて、育った関西が歴史の宝庫であることに気が付きました。

祖父も父も阿倍野で生まれ育った人です。幸村最期の地である安居神社は、幼い頃から何度もお参りし慣れ親しんだ場所。歴ドルとして活動させていただいていることへの感謝を込め、今も毎年初詣に参拝しています。

北川　「歴ドル」は小日向さんが元祖とお聞きしましたが。

小日向　そうです。活動を始めた半年後に幸運にも歴女ブームが重なり、仕事の依頼が増えました。

私が歴史に興味を持ったのはTシャツがきっかけでしたが、ゲームや漫画、アニメなど身近なエンターテインメントが入り口になってもいい。そこから入り、専門家顔負けの「歴史ファン」になる人は大勢います。

歴ドルは「歴史の伝道師」だと自任しています。歴史に全く興味のない人に、「歴史はこんなに面白いよ」と分かりやすく伝えていきたいですね。

北川　私も、多くの人を歴史に振り向かせたい一心でさまざまな歴史イベントを企画・立案し、本を書いたり、講演をしたり、また舞台作品を作ったり、テレビの歴史番組・時代劇の監修をしたり、といった活動を続けてきました。「大坂の陣４００年」の取り組みもそうした一例です。「歴ドル」が「歴史の伝道師」という定義であるなら、今日から私も「歴ドル」と名乗ることにします（笑）。

（２０１５年12月号）

第26回

ゲスト

舞台装置家・手書き題字作家

竹内志朗　さん

たけうち・しろう

1933年大阪市生まれ。1950年頃から関西を中心に舞台装置家として数々の演劇に参加。並行してテレビ・映画のタイトル文字も書き、「必殺シリーズ」や「鬼平犯科帳」など一世を風靡（ふうび）した時代劇の世界観を手書き文字で支えてきた。80歳を超える今も現役として活動中。

名優・名作とともに手書き一筋60年

舞台やテレビの制作現場には、専門分野の職人技で表舞台を支える人たちがいます。

今回のゲスト、竹内志朗さんもそんな一人。藤田まこと（故人）主演の演劇「剣客商売」「必殺仕事人」をはじめ、藤山寛美、ミヤコ蝶々、坂田藤十郎など関西の名優たちの舞台美術を数多く手掛けてこられました。

一方で、竹内さんは芝居やテレビの題字を書く作家でもあります。「新婚さんいらっしゃい！」「探偵！ナイトスクープ」「剣客商売」「熱闘甲子園」などのタイトル文字は、多くの人が一度は目にしたことがあるはず。いずれも竹内さんの手によるものです。

テレビの黎明（れいめい）期から手書きテロップ（字幕）に携わり、パソコンが主流の今でも手書きにこだわり作品を生み続ける竹内さん。北川央館長が監修したミュージカルや芝居で舞台美術を担当されたのをきっかけに、2人の親交は続いています。

北川　藤田まことさんとは演劇の舞台装置やテレビドラマ「必殺シリーズ」のサブタイトルの制作

を通じて50年にわたるお付き合いだったそうですね。

竹内　藤田さん主演の舞台装置はほとんどやらせていただきました。原作や台本を何度も読み、役者が「物語の役になりきって生活できる」舞台装置を作っていくのが私の仕事です。どうすれば役者の演技が一番引き立つかとあれこれ考えている時が一番楽しいですね。寝る間も惜しんで筆を走らせ、舞台装置の基となる道具帳（舞台を正面から見た完成図）を描いていきます。

藤田さんはいつも「大道具に発注する前に道具帳を見せてほしい」とおっしゃいました。主役でそれを言われたのは藤田まことさんだけでした。毎回時間をかけて見てくれました。この舞台装置ならこういう演技をしようと計算しておられたのでしょう。

半年間悩んだ末に考えた舞台装置もありました。舞台に上げたら藤田さんがとても喜んでくれた。我々裏方にとって、主役に喜んでもらえるのは一番の醍醐味です。役者さんが気持ちよく芝居できればお客さんにも喜んでもらえる。人格者だった藤田さんは裏方を気遣い、よく声をかけてくださいました。

北川　竹内さんが舞台装置に興味を持ったのはいつ頃ですか。

竹内　小学校高学年の頃から母に連れられ千日前の大阪歌舞伎座へ毎月のように出かけ、歌舞伎や新派、新国劇の芝居を夢中で見ました。中学2年の時、大阪朝日会館で「ロミオとジュリエット」を観た瞬間、「舞台装置の仕事をしたい」という思いが湧いてきました。役者ではなく、なぜ裏方の舞台装置だったのか。今でも分かりません。

高校に通いながら役者養成所で芝居を勉強しました。そのうち中座や歌舞伎座で裏方を手伝うようになり、高校卒業後、迷わずこの道に進みました。

気が付けば60年以上、裏方一筋です。松竹新喜劇や吉本新喜劇、ＯＳＫ日本歌劇団などこれまでに手掛けた舞台道具帳の数は2万枚を超えました。

北川 私が監修したＯＳＫのミュージカル「ＹＵＫＩＭＵＲＡ─我が心　炎の如く─」（２０１０年）や、関西俳優協議会の「浪華の夢～城を築くぞ！オレたちの～」（11年）でも舞台美術を担当してくださいました。

竹内さんが、池波正太郎の三大シリーズ「鬼平犯科帳」「剣客商売」「仕掛人・藤枝梅安」のテレビ番組のタイトルを書かれ、芝居の舞台装置も手掛けておられると知ったのはその後です。

竹内さんの著書『舞台道具帳』も拝見し、舞台デザイン画の美しさに感動しました。そこで長野県上田市にある池波正太郎真田太平記館で展覧会「竹内志朗の舞台道具帳」を企画し、12年に実現しました。訪れた人は絵の繊細さと美しさに魅了され、物語の世界に陶酔したのではないかと思います。

竹内 50分の1の縮尺で描いた私の絵と実際の舞台写真を見比べると面白いと思います。私の絵を基に舞台図面が作られ大道具さんが舞台を組んでいきます。池波正太郎さんの小説は読んでいてリアルに舞台装置が浮かんでくる。ありがたかったですね。

北川 池波さんは新国劇の座付き作家からスタートし、小説家に転身した方です。小説とはいうものの、芝居の脚本のように、物語の展開が会話で進むので、大変読みやすく、どんどん引き込まれて読み進んでしまいます。情景も想像しやすいのでしょうね。

テレビの黎明期支える

北川 今でも「鬼平犯科帳」は年に数回、スペシャル版でテレビ放送されていますね。

竹内 「鬼平─」のサブタイトルは、１９８９年に始まった第1シリーズ第1話「暗剣白梅香」から今日まで、すべて手書きで書いています。手書きのタイトルを書ける人は、今では私以外ほとんど知りません。

テレビのタイトル書きの仕事を始めたのは、関西初の民間放送「大阪テレビ放送」が開局した56年です。高校を卒業してすぐに図案家として働いたものの、舞台装置だけでは食べていけません。そこへ芝居仲間の先輩が「テレビにけぇへんか?」と声を掛けてくれた。即座に「文字を書きます」と答えたのが始まりです。

テレビでは、相撲文字や寄席文字、歌舞伎の勘亭流、文楽の浄瑠璃文字、楷書、行書、明朝体などあらゆる書体を要求されます。その頃文字の参考になる手本はありません。寄席文字は東京の寄席に行って看板の写真を撮ってきたり、活字は新

竹内さんが手がけたテレビ番組の手書き文字

竹内さんのアトリエで

聞の見出しを切り抜いてスクラップしたりして、夜中に猛勉強しました。師匠がおらず全て独学で学んだことが逆に良かったのかもしれません。あらゆる文字を自在に書けるようになりました。

2016年3月4日～23日に新歌舞伎座で公演予定の舟木一夫さんの舞台で使われる舞台道具帳「おけら長屋」㊤と「両国橋」㊦

開局当時のテレビは生放送。タイトル文字は全て手書きでした。題字や配役、ニュースの内容を1日平均150枚、多いときは1000枚書いたものです。

北川 戦後、道頓堀にまだ芝居茶屋があり劇場文化が華やかだった時代、またテレビ放送が始まり街頭テレビに黒山の人だかりができていた時代から今日まで、裏方の職人一筋でやってこられたのですね。

竹内 多くの名優、名作との出会いのおかげで、激動の時代を駆け抜け楽しく仕事をしてきました。しかし、全身全霊で務めてきた私たちの手書き文字の職業も、写植やコンピューターの登場で姿を消しつつあり残念な気持ちもあります。

私も80歳を超えました。これからもこの仕事に誇りを持ち、手を休めることなくこつこつと取り組んでいくつもりです。

（2016年1月号）

第27回

ゲスト
歴史小説家
片山洋一さん

かたやま・よういち
1974年大阪市生まれ。大阪芸術大学卒業後、会社員生活を経て、生まれ育った松屋町で自転車店を経営。仕事のかたわら執筆活動に励む。幼少の頃から時代装束やよろいが好きで、甲冑愛好家で結成した「甲援隊」代表も務める。各地の城や神社の祭り、イベントなどでよろい姿で活動している。

大坂人（おおさかびと）の自治への気概取り戻したい

今回のゲストは昨年、歴史小説『大坂誕生』（朝日新聞出版）で作家デビューした片山洋一さんです。大坂夏の陣後、江戸幕府から大坂藩主※に任命され、荒廃したまちの復興にあたった松平忠明（ただあきら）という人物に着目したこの小説は、2014年に第6回朝日時代小説大賞優秀作に選ばれました。「知名度は低いが、忠明は豊臣秀吉と並んで、大阪のまちにとって恩人というに値する人物」と評する北川央館長と、近世都市「大坂」が形づくられていった時代について語り合いました。

※片山さんの小説では「城主」と表現されています。

北川　松平忠明は、私たち歴史の研究者にとっては極めて重要な人物として知られています。徳川家康の外孫というブランドもありますが、非常に行政手腕が高くて、三代将軍家光の後見人を務め、幕府の大政参与（後の大老）にもなりました。しかし、一般的にはあまり知られていません。片山さんが忠明を小説の主人公に据えた理由をお聞かせください。

片山　忠明を初めて知ったのは小学6年生のときです。自由研究で日本史の年表を作ったり、系図を書いたりするのが大好きでした。あるとき「各地にはお城があって殿様がいる。大阪は誰が殿様だったのか」と図書館で調べたところ、江戸時代の大坂城はずっと城代でした。しかし、慶長20年（1615）に大坂夏の陣で大坂城が落城して以降、元和5年（1619）に大坂が幕府の直轄領になるまでのわずか4年足らずの間、大坂藩というものが存在したことが分かりました。その藩主が松平忠明だったんです。『大坂誕生』で日の目を見るまで、忠明は私の中にずっと生き続けていました。

北川　忠明の母は亀姫といって、徳川家康と正室築山殿との間に生まれた長女です。築山殿は、嫡男の信康とともに、織田信長から武田家へ内通の嫌疑をかけられ、信長に処分を迫られた家康は二人を殺害せざるを得ませんでした。家康にはたくさんの子がいましたが、信康は格別に優秀だったそうです。家康は、自分に力がなかったため、信長の命に逆らうことができず、妻子の命を奪ってしまったことを、のちのちまでたいへん後悔したと伝えられます。亀姫はその信康の妹にあたり、三河国新城（愛知県新城市）の城主であった奥平信昌に嫁ぎました。忠明はその子どもですが、奥平姓ではなく、家康の旧姓である松平姓を称し、徳川家の一門大名という扱いを受けました。

片山　それまでは伊勢国亀山（三重県亀山市）で五万石という小さな大名に過ぎなかった忠明がなぜ大坂の陣後の大変な時期の大坂藩主を任されたのか。

大坂の陣の際、彼は出陣前に父と兄を相次いで亡くし、急きょ美濃の兵を託されます。個性的で我の強い美濃衆をまとめ、率いるのは容易ではありませんでした。しかし、そんな美濃衆を含む大軍勢を忠明は見事に束ね、大坂方の猛将を討ち取る大活躍をしたのです。その統率力を見込んで、家康は忠明に西国支配の要衝となる大坂の再興を託したのでしょう。

物語の中で家康は、「将とは家臣に場を与える者のことだ」という言葉を忠明に贈り、大任を任せます。徳川の天下になったとはいえ大坂の人々にとって徳川は豊臣を滅ぼした敵。「反徳川」の雰囲気が充満する土地で復興に取り組むのは、大坂の人々との確執もあり、並大抵の苦労ではなかったでしょう。しかし忠明は、市街地の拡大や堀川の掘削など、その後の商都大阪の礎となる仕事を成し遂げました。その功績は大阪の都市計画史上、特筆すべきものだったといわれています。

当時の大坂には「一旗揚げよう」と個性の強い人材が集まっていました。そんな強力なキャラクターたちの長所を認め、受け入れる度量こそが忠明の行政手腕だったのではないか。そんな想像を膨らませました。

高い公共精神 大阪の原点

片山 この小説の影の主役は大坂の人々です。忠明から見た大坂人は、「自分たちのまちは自分たちでつくり、守る」という気概を持っていました。

北川　私財を投じて「道頓堀」を開削した成安道頓もそんな一人ですね。道頓は平野郷の人。慶長17年（1612）、新しい堀川の開削事業に乗り出しましたが、道頓自身は大坂の陣で豊臣方に与して亡くなります。道頓の死後、親戚の安井九兵衛や平野藤次郎らが道頓の遺志を継いで、道頓堀を完成させました。

松平忠明の屋敷があった合同庁舎前の「東町奉行所址」碑で

片山　「心斎橋」も長堀川を開削した岡田心斎の名前に由来します。武士ではない町人の名前を付けるところに、私は「大阪の原点」を感じました。そんな町人たちの高い公共精神を、藩主になった忠明は尊重したのでしょう。

北川　江戸時代の大坂は基本的に自治のまちでした。大坂の橋は当時、幕府が直接管理する天満橋・天神橋・難波橋・京橋・高麗橋・日本橋といった12の公儀橋以外は、全て町人たちが費用を出し合って架橋し、管理していました。橋が傷んだら自分たちで修理し、架け直さなければならない。だから、大事に使ったんです。「自治」とはそういうものです。

今は「地方自治体」とはいうものの、市民の側にどれだけ「自治」という意識があるのでしょうか。役所と住民の間がずいぶん乖離しているように思われてなりません。市民が「自治」を再認識すれば、ほんとうの意味で役所と市民は一体となるでしょうし、まちは確実によくなり、税金の無駄遣いもなくなるような気がします。

片山　私たちが暮らすまちの歴史やご先祖様のことを知り、「自分たちのまちは自分たちの手で育

15 領の鎧兜を所有する片山さんの自室

てていくんや」という気概を取り戻したい。大阪の発展につながる原動力はそこにある気がします。

北川 作家デビューされたばかりですが、本業は自転車店経営。作家と自転車店の仕事の比重はどうなっているのでしょうか。

片山 自転車店も市民の足を支える重要な仕事。生活のためというだけでなく使命感を持って今後もしっかりやっていくつもりです。

書きたい題材は山ほどあります。でもそれらは胎内にいる子どものようなもの。歴史の中で埋もれている人物を、作品の中で一人でも多く世に送り出したい。人生をかけてチャレンジするつもりです。

（2016年2月号）

第28回

ゲスト
能楽師
山本章弘さん

やまもと・あきひろ
1960年、大阪市生まれ。亡父・山本眞義、故25世宗家・観世左近、および26世宗家・観世清和に師事。山本家はもともと京都の五大両替商の一つだったが、友人の借用手形の保証人で財を放棄し、祖父・山本博之が、それまで趣味で観世宗家から手ほどきを受けていた謡曲をなりわいとするため、観世宗家に入門。能楽師となり、1927年、現在地・中央区徳井町に能楽堂を創設した。

「開かれた能楽堂」をめざして

大阪城のお膝元、大阪・谷町のオフィス街の一角に、約90年の歴史を持つ大阪最古の能楽堂「山本能楽堂」（国登録有形文化財）があります。今回のゲストはその三代目当主で、観世流能楽師の山本章弘さんです。

「日本の伝統芸能である能を一人でも多くの人に楽しんでもらいたい」との思いから、小学校への出前巡回公演や、現地の外国人が能に出演する海外公演など、独自の活動で普及に努めています。

６５０年もの間、連綿と演じ続けられ、世界中で多くの人々に愛される能。その魅力を北川央館長が聞きました。

北川 能は南北朝から室町時代に観阿弥・世阿弥父子により大成されたといわれます。「大成」ということは、基となる芸能があったということでしょうか。

山本 当時「能」という言葉はなく、芸能は「猿楽」と「田楽」が主流でした。

各地に芸を行う役者集団の「座」ができ、猿楽が盛んだった大和の国では、大和四座といわれる結崎（ゆうさき）座、坂戸（さかど）座、外山（とび）座、円満井（えんまんい）座が力を持ちます。この四座はのちに結崎座が「観世流」になり、その他も「金剛流」、「宝生流」、「金春流」と、それぞれ能の流儀の礎となり今日に至っています。

観阿弥は結崎座に所属し、それまで物まね芸だった猿楽に、中世に流行した曲舞（くせまい）などを

取り入れ、能の演劇性を高めました。さらに世阿弥は、亡霊、神、草木の精など霊的な存在が主人公となる「夢幻能」の様式を確立し、洗練された芸へと進化させたのです。

北川 室町幕府の厚い保護のもと、能は武家の式楽となり、多くの戦国武将も能を愛好しました。とりわけ豊臣秀吉の熱中ぶりはすさまじく、『明智討』『柴田』『吉野詣』『高野参詣』といった秀吉自身が主人公となる新作能を次々と作らせています。それらの作品は「豊公能」とか「太閤能」と総称されますが、秀吉はこれらの演目で、自ら主役の秀吉役を演じました。続く徳川幕府も能を保護しましたので、能はさらに発展を遂げました。

山本 能の中には、人に恋い焦がれる気持ちや親子の情愛、戦争の苦しみや平和への願いなど、現代の人々も共有できる普遍的な人間の思いが描かれています。

鎮魂の情景もよく出てきます。武士は、いつ殺されるか分からない恐怖と、人を殺してしまった罪の意識が常に背中合わせにある修羅道を歩んでいま

す。それでも死後は極楽浄土に行きたい。そのためには殺してしまった敵を鎮魂することがせめてもの救いだったのでしょう。能には「神（しん）・男（なん）・女（にょ）・狂（きょう）・鬼（き）」の5つのジャンルがありますが、二番目の「男」は「修羅物」ともいい、『敦盛』のように亡霊が登場することで、鎮魂の効果をより引き立てます。

北川 先日、私が原作を手掛け、山本さんが作品に仕上げてくださった新作能『真田幸村』のお披露目がありましたが、私はこの作品にも鎮魂の要素を取り入れたいと思いました。

慶長20（1615）年5月7日、大坂夏の陣最後の決戦で、真田幸村は徳川家康本陣に3度も突撃を繰り返し、家康をあと一歩のところまで追い詰めました。家康の周囲を固めた旗本たちは皆討死し、陣後も生き残った者たちは家康を見捨てて遠くに逃げた連中だとやゆされました。ということは一人、本陣に残された家康と幸村が直接対峙（たいじ）する場面があったということになります。今回の新作能では、そのシーンで幸村が家康に対し、「ここであなたを討ち取ることはたやすい。しかし、二度と戦乱の起こらぬ世にすると約束するのならあなたを生かそう」と言い、家康は泰平の世を築くことを承諾する、という物語にしました。安心した幸村は笑みを浮かべ夕闇に消えていきます。

山本 シテ（主役）の幸村を勤めましたが、家康との激しい合戦の様子を「能のチャンバラ」と言われる「切り組みもの」で描きながらも、「平和への祈り」を込めました。今回は初演でしたが、次回以降は「既に幸村は討死を遂げ、亡霊となった幸村が家康に語る」という設定にして、より鎮魂のイメージを強調させたいと思います。

守り、伝え、発信する

北川 能楽師の家にお生まれになり、能楽師になる道を自然に歩んでこられたのでしょうか。

山本 お稽古をすると、ご褒美に子どもが欲しがるお菓子や皆がうらやむ文房具などをもらえたので、お稽古を嫌だと思ったことは一度もありません。子方で舞台に出るとお客さんが反応してくださるのも快感でした。

新作能「真田幸村」

大学卒業後は観世流宗家の内弟子にさせていただき、住み込みで5年半、師匠である先代の家元とご家族に仕えました。師匠の生活全般、身の回りのお世話などは全て兄弟子から教わります。師匠から教わることはほとんどありません。「芸は盗め」と言われました。

家元の蔵にある貴重な品々、室町時代の能面や将軍家拝領の装束、世阿弥直筆の古文書などを自由に見ることができ、能面は手に取らせていただきました。

「何のために能楽師をしているのか」と問われたら、答えは、能の普及のためというより「観世流を守ってい

きたいから」でしょう。今は喜多流があり五流になりましたが、一般市民の方に能を浸透させようと一番熱心に取り組んできたのは観世流だと思います。観世の家元は唯一、弟子も舞台や能面、装束を持つことをお許しになりました。私立の能楽堂がほとんど観世流なのはそのためです。

山本能楽堂も祖父が33歳の時に当地に建てさせていただいたものです。もともと商人だった祖父が能楽師になれたのも観世流だからこそ。「多くの人が能を鑑賞できる環境を広げたい」という家元の思いを受け継ぎ、私も次代にしっかり伝えていきたいと思います。

北川 初心者向けの能の公演、子どもたちのための体験講座、海外での公演やワークショップ、他の上方伝統芸能との共演など、能に触れるきっかけとなる多彩な活動をされています。伝統芸能は最初の出会いが大切です。いかに良い出会いを提供できるか、そこが一番大事です。

山本 15年ほど前から「開かれた能楽堂」を意識し、外部の方からニーズを聞いてそれに応えることを心掛けてきました。こちらから意識して外に出かけ、いろんな方とお会いして話を聞くと、不思議なほど人脈が広がり、いろんなアイデアが生まれます。

現在、全国の小学校を巡回して能の公演とワークショップを行っていますが、これも現代美術家との出会いがきっかけでした。子どもたちがみんなで一緒に作ってくれた手作りの「老松」が素晴らしい舞台装置になります。そこで私たちが舞い、子どもたちを舞台に上げ、すり足や能面の体験もしてもらいます。将来、持ち帰った松を見てその日の公演を思い出し、大人の目であらためて能を見てみようと思ってもらえたら何よりうれしい。

ブルガリアから能の研究のため来日した留学生との出会いがきっかけで、東欧諸国での海外公演も増えています。曲のあらすじを外国語と日本語のアニメーションで紹介するアプリの開発や発信も始まりました。

「現代に生きる魅力的な芸能」としての能の追求は今、面白いほど広がりを見せています。

（2016年3月号）

第29回

ゲスト
大阪産業大学工学部教授
玉野富雄 さん

たまの・とみお
1948年堺市生まれ。大学、大学院で土木工学を専攻。大阪市役所勤務を経て94年大阪産業大学勤務。現在、工学部都市創造工学科教授。工学博士。研究の一環として、大坂城築城のメカニズムの解明に取り組んでいる。

世界に誇る大阪城石垣の構造美

江戸時代初頭に完成し、現存する大阪城の石垣。精緻に積まれた幾多の石が一体となり、優美な曲線や曲面を描き出しています。積み上げられているのは巨大な花こう岩。その数は100万個に及びます。この壮大な石垣建造プロジェクトを支えたのが、世界最高水準を誇る当時の土木技術でした。

今回のゲストは大阪産業大学教授で土木工学が専門の玉野富雄さんです。大阪城の石垣構造に精通している玉野さんと北川央館長が、今なお謎の多い大阪城の石垣の強さと美しさの秘密に迫ります。

北川 現在の大阪城の石垣は、大坂の陣後、徳川幕府による大坂城再築の時に造られたもの。約10年の歳月をかけて寛永6（1629）年に完成しました。これほどの規模と美しさを兼ね備えた石の建造物は、世界を見渡してもなかなか例がないのではないでしょうか。

玉野 加工した花こう岩を用いた歴史的構造物は世界的に例が少ないのですが、例えば世界遺産にもなっているスペイン・セゴビアの古代ローマ水道橋があります。石の数は約2万個で素晴らしい石造構造物です。一方、大阪城の石垣は桁違いにスケールが大きく、加工した花こう岩の巨石を用いた石造構造物です。

国際会議で大阪を訪れた海外の土木の専門家も「大阪城の石垣はすごい」と口をそろえて驚き、何度も足を運びます。現代の専門家が見ても技術的に強烈なインパクトがあります。

北川 大坂城再築は「天下普請」といわれ、徳川幕府が諸大名に命じるかたちで行われました。石垣の建設に携わったのは北国・西国の大名64家。各大名には石高に応じて工事現場が割り当てられたのですが、それほど多くの大名たちが分担したのが全く分からないくらい高度に統一された技術で築かれています。

中でも、石垣の特徴が最もよく表れる角の部分、隅角の曲線勾配は実に見事です。

玉野 長方体の石垣石を互い違いに積み上げる「算木積み」と呼ばれる手法です。織田信長の安土城（1576年頃）の石垣は、石垣石が水平に積まれ、隅角部は直線勾配でした。それが、徳川期大坂城の石垣では石垣石が断面稜線に対して直角となるように積まれ、美しい反り勾配が形成されています。

石垣石は大きく、奥行きも他の城と比べて断然長いものが用いられています。例えば表面の石垣石の一辺が1mとすれば奥行きは3mくらいあります。直角に積むことと奥行きが長いことで、力学的に堅固な構造になります。

石垣の築造は、安土城の石垣に始まり豊臣期の大坂城、姫路城などを経て飛躍的に発達しました。その築城技術の集大成が徳川期大坂城なのです。

北川　震度6クラスの安政地震でも、被害はほとんどなかったようです。

玉野　石垣の裏側には「裏込め石（うらごめいし）」と呼ばれる小石が分厚く詰め込まれ、石垣全体の地震時の力学安定に寄与しています。また、石垣石と石垣石の間にセメントのような接着剤を用いない「空石積み」の構造も、地震の際の揺れのエネルギーを吸収する役割を果たしています。

石垣が築かれた当時、石垣の上部には櫓（やぐら）や塀がありました。櫓と塀が上からぐっと抑えれば、石垣がより安定します。上部の櫓や塀、背面の裏込め石、表面の石垣、この三者は一体構造で、力

大阪城二の丸南側の石垣（写真・北川央氏 撮影）

幕末に写された本丸東側の石垣と櫓・多聞塀（大阪城天守閣蔵）

大阪城本丸東側の石垣の前で

学的に意味のある構造になっています。これだけの大規模で精緻な石垣を設計し、現場で精密に測量しながら造り上げていくことができた。驚異的な技術というしかありません。

美観上と構造上からも櫓と塀の再築が期待されます。

施工方法は謎のまま

北川 本丸入口の桜門をくぐって正面にあるのが城内一の巨石「蛸石（たこいし）」です。表面積は36畳、重さは108tあるといわれています。以前、この蛸石周辺の石垣の積み替えをした際、傷んだ石を同じ産地から切り出した石と取り替える作業を見ました。一つの石をクレーンでつり上げて積むだけでも大変でした。今の技術でも難しい作業なのに、当時の人はこれほどたくさんの石をどうやって運搬し、積み上げたのでしょう。

玉野 石垣石の大半は瀬戸内海の小豆島や犬島などから運ばれてきました。しかし、どうやって花こう岩の巨石を切り出し、海上輸送し、どこで陸揚げして、どんな道具を使って積み上げたのか。それらのプロセスの多くは謎に包まれたままです。

細川家の寛永13（1636）年の江戸城石垣築造に関する史料に「南蛮ろくろ」と表現される石積みに用いたであろう道具が書かれています。現在でいうクレーンやレッカーのようなものと思われますが、今のところ、築城の様子を描き留めた各種の絵画史料の中に「南蛮ろくろ」とおぼしき道具は見つかっていません。

北川　徳川大坂城が完成した後、大名たちは幕府から新たに城を築くことを禁じられていましたので、築城工事そのものがなくなってしまいました。簡単な修理をしただけでも、幕府から謀反の疑いをかけられ、改易処分になったくらいです。そのため、最高潮に達した築城技術もここで途絶えてしまったのでしょう。

玉野　石垣の構造を調査すると、当時の技術者の思いに触れることができます。

東内堀や南外堀には、両端から中心部に向けて内側に軽く弧を描く、美しい三次元曲面構造をもつ石垣面が連続し、石垣全体が引き締まった印象を与えます。曲面は石垣築造に従事した技術者の「より美しい石垣にしたい」という美意識から生まれたのではないかと思います。

苦労した作業の中にも意匠を凝らしたんですね。

北川　曲面構造の石垣が連なるさまは、遠くに行くに従って、どんどん広がっていくように見え、本当に美しい景観を演出しています。単に強度だけを求めたのではなく「美しく、しかも頑丈なものを造ろう」という当時の技術者の意気込みが伝わってくるようです。

現代の技術をもってしても、これほどの構造物を造ることは不可能でしょう。大阪城の歴史については数多くの研究が行われ、一般の方々も割合よくご存じですが、城の石垣に込められた技術の素晴らしさについては、まだ知らない方も多いのではないでしょうか。

玉野　大阪城は「うえまち」地域における地震時の防災拠点であり、石垣はそれを守る現役の構造物です。防災が叫ばれる今こそ、大阪城の石垣を築いた先人たちの知恵に学ぶことは多いのかもしれません。

（２０１６年４月号）

第30回

ゲスト
追手門学院大学地域創造学部教授
橋本裕之 さん

はしもと・ひろゆき
1961年大阪府生まれ。早稲田大学第一文学部（演劇専修）卒業。同大大学院博士課程中退。国立歴史民俗博物館助教授、千葉大学教授、盛岡大学教授を歴任し、2015年から現職。祭り・伝統芸能・民俗学が専門。05年のＮＨＫ大河ドラマ「義経」では芸能考証を担当した。「震災と芸能」「芸能的思考」など著書多数。

人々に生きる力
民俗芸能に魅せられて

地域で受け継がれてきた神楽や田楽などの民俗芸能。地方の過疎化や継承者の減少で消えてゆくものも多い中、その保存に力を注ぐ研究者がいます。今回のゲストは、追手門学院大学地域創造学部教授の橋本裕之さんです。

大坂の陣４００年プロジェクトの一環で企画された「豊国（ほうこく）踊り」の再現プロジェクトでは、企画・監修した北川館長と共に、芸能考証を担当。文献史料や各地に残る民俗芸能をもとに、豊国踊りを４００年ぶりに復活させました。

北川 民俗芸能や芸能史の専門家として、これまでどのような芸能を調査されてきたのですか。

橋本 大学・大学院で研究したのは、奈良・春日大社の「春日若宮おん祭」と、福井県の若狭地方に伝わる「王の舞」です。

王の舞は、平安末期の後白河院の時代にまでさかのぼる貴重な芸能で、若狭地方の幾つもの神社で奉納されています。美浜町の神社で、赤い装束に天狗の面、頭に鳥かぶとというスタイルの舞を見て、すっかり魅了されました。以来30年にわたり調査しています。

　ある時、「継承者がいないので助けてほしい」と相談を受けました。各地の民俗芸能は、特に過疎の地域で息絶えようとしています。そんなひん死の状態にある民俗文化財が消えてゆく様子をただビデオで記録に留めるだけではなく、どうすれば残せるのか、当事者と共に考える研究者でありたい。それが生きた人間の営みを研究する民俗学者の使命だと考えました。

　王の舞の素晴らしさを地元の方にもっと知ってもらおうと、小学校で特別授業を行ったり、祭りの未来を語るフォーラムを企画したりしています。

北川　私も歴史学の立場から神楽の研究をしてきましたが、目の前で伝統芸能の火が消えようとしているのを黙って見てはいられませんでした。新聞や雑誌、テレビといったメディアを通じて神楽の魅力や面白さを伝え、神楽をご覧いただくイベントを企画し、継承者の育成にも関わりました。

　橋本さんは盛岡大学に勤めておられる間に、東日本大震災に遭われ、その後、芸能を通じた震災復興にも尽力されています。「鵜鳥（うのとり）神楽」（岩手県普代村）の震災後の復活に尽力されたことに加え、橋本さん自身が神楽の演者としても活動されている。何が橋本さんをそこまで突き動かすのでしょうか。

橋本　震災後、ある学生によって、「芸能の真の力」に気付かされました。その学生は、陸前高田市の「うごく七夕まつり」で太鼓をたたいていました

が、震災で地区の4割の人が亡くなり、家も何もかもなくなってしまったそうです。「それでも祭りをしたい」と私に助けを求めてきたのです。

最初は、こんな大変な状況の中で祭りを望む彼らのことをいぶかしく思いました。「祭りや芸能は、生活が元に戻り、地域が復興して初めてできるもの」と思っていたからです。ところが実際は違いました。人々は、生活の再建と地域の復興のために、祭りや芸能を必要としていたのです。

「コミュニティー」は「人が集まり一緒に何かをする力」のこと。ばらばらになった人間がもう一度集まり、コミュニティーを取り戻す。祭りはそれを可能にします。

被災者の強い意思に、私は「芸能には人々の生きる源となる大きな力がある」と確信しました。

鵜鳥神楽は、宮古市の黒森神楽と共に陸中海岸地方を約2カ月かけて巡行する「旅する神楽」です。震災で神楽の担い手は亡くなり、巡行先の集落も壊滅状態となりました。そのため、一時的に神楽衆を大阪に呼び、演じる「場」を提供したり、観光メニューの一部に組み込んだりして保存につながる仕掛けをしました。担い手が足りないと聞くと、もともと曲芸やダンスが好きな私も巡行に参加しました。家々を巡っていくと「神様が家に来てくださる、こんなにありがたく、光栄なことはない」とおじいさんが涙を流して私たちを迎えます。昨年、巡行が終わった時、保存会から「神楽子として正式に迎えたい」と言っていただきました。

北川 衣食住さえ満たされていたら生活は事足りるのかというとそうではなくて、それ以外のいろんなものがあって人間生活は成り立っているということですね。震災のような極限の時にそれが発露した。一見すると生活に不必要に見える芸能や祭りには、実は人々を動かす大きな力が潜んでいるわけですね。

鵜鳥神楽「清祓」。左側の囃子方に橋本氏

未来に伝わる踊りに

北川 昨年、橋本さんと一緒に復活させた「豊国踊り」も、大阪市民の間に根付き、将来にわたって長く伝わる踊りになってくれたらと願っています。

豊国踊りは豊臣秀吉の七回忌にあたる1604（慶長9）年に、京都・東山の豊国（とよくに）神社で行われ、1500人もの京都の町衆が参加しました。その様子は、京都の豊国神社と名古屋の徳川美術館に所蔵される2つの「豊国（ほうこく）祭礼図屏風」に描かれています。今回の復活は、そうした絵画史料や文献史料をもとに、各地で伝承される風流踊りなども参考にしながら復元し、現代人にも親しみやすいようにアレンジしたものです。

昨夏、大阪城天守閣前の本丸広場で初めてお披露目した際には多くの市民も一緒に踊ってくれました。今年も5月に大阪城内の豊國(ほうこく)神社で、8月には再び本丸広場で豊国踊りを行う予定です。

橋本 2種類の「豊国祭礼図屏風」に描かれる豊国踊りは、非常にエネルギッシュで壮大な規模の

大阪城内の豊國神社にて

踊りであったことが分かります。

私の夢は、大阪城の西の丸庭園で、当時のような熱狂的な雰囲気の現代版「豊国踊り」を実現することです。扮装した芸達者な人たちが太鼓や笛の音に合わせて好き勝手に踊り、観光客なども大勢参加して一緒に踊る。輪の一番外には警護の人がなぎなたや棒を持って踊るので、西の丸に入ってきた人は輪の中に閉じ込められ、ある意味踊らざるを得ないという状況をつくるのです。

かつての豊国踊りの精神や創造力、場の雰囲気を再現できたとき、本当に豊国踊りが復活したといえるのではないでしょうか。

北川 冬の「第九」のように、いつかそうした規模の豊国踊りを実現したいものです。そのためにも、まずは豊国踊りが大阪市民の間に根付くことが必要です。大阪の季節の風物詩といわれるような芸能に育ってくれたらと思っています。

（2016年5月号）

第31回

ゲスト
OSK日本歌劇団
朝香櫻子さん

あさか・さくらこ
千葉県生まれ。「天上の虹」にて初舞台。2008年からトップスター桜花昇ぼるの相手役を務め、トップ娘役となる。15年より、新設された特別専科にて幅広く活躍している。

戦乱の世を生き抜いた女性演じる

今回のゲストはOSK日本歌劇団・特別専科の朝香櫻子さんです。昨年までOSKでトップ娘役を務めた朝香さんは、真田幸村を題材にした作品に数多く出演。役を通して戦乱の世を生き抜いた女性たちの思いに触れてきました。

北川央館長が企画・監修したミュージカル「真田幸村〜夢・燃ゆる」（2007年初演）では、幸村を慕うツツジの精を演じました。

北川 「真田幸村〜夢・燃ゆる」は、私が初めて監修した舞台作品です。前年、大阪城と長野県の上田城が友好提携を結び、その1周年を記念して大阪市と上田市で真田幸村にちなんだ舞台作品を作ろうという話になったんです。朝香さんにヒロインを演じていただいたのは2008年に上田市で再演をしたときからですね。

朝香 ツツジの精の化身であるヒロイン（茜）が幸村に恋い焦がれ、共に闘う―という恋物語です。とてもファンタジックな作品で、私はこの作品に出会って歴史ものを演じるのが好きになりました。

「茜」は架空の人物ですが、とても情熱的な女性です。

北川　真田軍と言えば、あらゆる武具を赤一色で統一した「赤備え」で有名です。大坂夏の陣の最後の決戦で、茶臼山に陣取った真田軍の「赤備え」は木々の緑を背景に鮮やかに映え、敵の徳川方からは「躑躅（ツツジ）ノ花ノ咲キタル如ク」見えたそうです。そこに着想を得て、ツツジの精・茜が生まれました。

朝香　和歌山県の九度山町では毎年5月に「真田まつり」の武者行列が行われますが、2008年には「茜」として行列に参加させていただきました。

馬の上から見る九度山の自然が美しく、ツツジの精である「茜」が人間の姿となって、そこで生活していた情景が目に浮かぶようでした。

今年3月に開館した「九度山・真田ミュージアム」のオープニングセレモニーにも呼んでいただきました。私にとって九度山は大好きな場所です。

北川　その後もミュージカル「YUKIMURA―我が心　炎の如く―」で、朝香さんは幸村の妻、阿岐（あき）を演じてくださいましたね。

歴史を題材にした作品は色あせることがありませんので、将来にわたって繰り返し上演できる作品にしたいと思い、作らせていただきました。OSKは一時、存続が危ぶまれました。でも、宝塚歌劇団、松竹歌劇団（SKD）と並ぶ三大少女歌劇の一つで、宝塚歌劇団とは「歌の宝塚、踊りのOSK」と並び称されたOSK日本歌劇団は、大阪にとって大切な文化です。大正時代に始まった大阪松竹座での「春のおどり」は、浪花の春の風物詩として市民に親しまれました。その後、大阪を離れ奈良のあやめ池に拠点を移しましたが、2004年に松竹座で66年ぶ

りに「春のおどり」が復活し、これを機に、OSKがもう一度大阪との関係を築き直したように思います。

朝香 私たちも改めて、OSKは大阪生まれの文化だと実感しました。皆さまのおかげで今もこうして存続し、私たちは舞台に立つことができています。

淀殿の墓との出会い

北川 6月にはあべのハルカスにある近鉄アート館で、「紅に燃ゆる～真田幸村 紅蓮の奏乱～」が再演されます。どんなストーリーですか。

朝香 豊臣家を支えるために集まってきた武将の中心に真田幸村がいて、「豊臣家の未来を後世へ託す」という使命を背負い、徳川との戦いに挑むさまが美しく描かれます。

私は豊臣秀頼の母淀殿の役ですが、演じていて淀殿の秀頼への思いの強さがよく分かりました。

北川 昨年、朝香さん、元OSKトップスターの桜花昇ぼるさん、講談師の旭堂南陵さんと一緒に、高野山に行く機会がありました。真田昌幸、幸村親子が蟄居（ちっきょ）した蓮華定院というお寺にお参りした後、奥の院に向かいました。30年くらい前になりますが、『史迹と美術』という雑誌で淀殿と

高野山・奥の院にある秀頼（左）と淀殿の墓
（北川央氏撮影）

豊臣秀頼と淀殿を結ぶ胞衣（卵膜・胎盤）を祭る玉造稲荷神社の胞衣塚大明神前で

秀頼のお墓が高野山・奥の院にあることを知りました。その論文を読んで以来、一度そのお墓を確認したいと思っていたのですが、何しろあのお墓の数ですから、なかなか機会がありませんでした。昨年高野山に行ったときは次の用件まで少し時間があったので、ちょうどいい機会だと思い、探しに行ったんです。でも淀殿と秀頼のお墓には標柱も説明板も何もありませんから、簡単には見つかりません。もう諦めようかと思ったとき、桜花さんが「朝香が一点を見つめたまま動きません」とおっしゃったのです。

朝香 本当に不思議な経験でした。

たくさんのお墓があるのに、私にはなぜかそのお墓の周りだけ明るく見えたんです。北川先生に確認してもらったら、それがまさに淀殿と秀頼のお墓だったのですから、驚きです。

今にも崩れそうなお墓でしたが、2人が寄り添い支え合って立っているようでした。「淀殿にとっては秀頼と一緒にいることが何より幸せなことなのだな」と、2人をこのままそっとしておいてあげたい気持ちになりました。

北川 感動的な対面でしたね。数あるお墓の中から、淀殿を演じる朝香さんが、淀殿と秀頼のお墓を見つけた。不思議な縁を感じずにはいられません。

淀殿のお墓とされるものはいくつかありますが、本当のお墓と認めてよいのは、この高野山・奥の院のものと京都市右京区鳴滝の三宝寺のものです。淀殿と秀頼は徳川家に刃向かった大罪人ですから、2人のお墓を建てて供養するのは簡単なことではありません。奥の院の淀殿のお墓には「大虞院殿英岩大禅定尼」という法号と「慶長二十年五月七日」という日付、そして「御取次」として「筑波山知足院」の名が刻まれています。秀頼のお墓にも、「嵩陽寺殿秀山大居士」という法号と同じ日付、取次寺院の名が刻まれていますが、この「筑波山知足院」とは、坂東三十三ヶ所の第二十五番札所として知られる寺院で、茨城県つくば市にある名刹です。

当時の住職光誉上人は、大坂の陣に従軍して徳川方の勝利を祈願した陣僧でした。実際に墓塔を建てた「施主」については銘がありませんが、光誉上人は二代将軍徳川秀忠の乳母の息子でしたから、秀忠自身か、あるいは秀忠の正室で、淀殿の妹であった江が、2人を哀れんで供養塔を建てたのではないかと思います。

朝香 高野山を訪れ、実際に淀殿のお墓にお参りしたことは、役作りの上でも大変参考になりました。

淀殿は「強い女性」というイメージがありますが、その反面にある弱さも今なら理解できます。守るべきものに対する責任感から、生涯強い女性を演じ続けたのでしょう。

北川 私も淀殿は決して強い女性ではなかったと思います。愛するわが子を守らなければという一心で必死に生きたのでしょう。

淀殿は5歳のときに小谷城が落城して父浅井長政を失い、15歳のときには北ノ庄城が落城して母お市の方と義父柴田勝家を失いました。2度の落城の経験は、彼女の人格形成に大きく影響したはずです。そして3度目の落城で自分も命を絶ちました。その生涯をたどると、つくづく数奇な運命をたどった女性だと思わざるをえません。　（2016年6月号）

第32回

ゲスト
怪異蒐集家
中山市朗さん

なかやま・いちろう
1959年、兵庫県生まれ。大阪芸術大学卒業。90年、木原浩勝氏との共著で『新・耳・袋～あなたの隣の怖い話』（扶桑社）を出版し、作家デビュー。放送作家としても数々の怪談番組を手がける。著書に『新耳袋』シリーズの他、『怪異実聞録・なまなりさん』『怪談狩り』シリーズなど（いずれもKADOKAWA）。作家・シナリオ作家養成の私塾「作劇塾」（中央区）を主宰。

怪談からまちの歴史を知る

日常の隣にある理屈では説明できない不思議な世界。「人間生まれて1度か2度は不思議な体験をするものです」と話すのは、身近な怪異話を集めた怪談集『新耳袋』シリーズの著者、中山市朗さんです。

自ら収集した実話をまとめた現代百物語『新耳袋』は、全10夜（巻）のシリーズにおよそ1000話が収められ、累計発行部数は130万部を超え、映画化・テレビドラマ化。コミックや舞台作品にもなり、怪談ブームの火付け役となりました。

中山　学生時代を過ごした大阪芸術大学のキャンパスは小高い丘の上にあり、周囲は農家と田んぼに囲まれた寂しい場所にありました。グラウンドのすぐ横は墓地。学生寮の周囲は夜になると真っ暗闇になり、まさに幽霊スポットでした。

「寮の2階の窓の外を誰かが通った」とか「階下の食堂からカタカタ音がした」「火の玉が飛んでいた」とか、そんな話が山ほど出てくるんです。映画監督を目指していた私は、いつかシナリオを書く参考になるかなと友人たちの体験談をメモに書きためていました。このメモが後の『新耳袋』の原形です。

北川 中山さんの怪談はすべて体験者からの聞き書きで、中山さんが創作したものは一つもないわけですよね。どのように怪異話を収集されているのですか。

中山 『新耳袋』シリーズを書いているときは、自然に怪談話が集まってきました。

例えばラジオ局に行くと音声スタッフが「録音スタジオに誰も携帯電話を持ち込んでいないのにコール音が鳴った」とか「女性のMCがいないのに、女性の相づちが録音されていた」など本番中に不思議なことがいろいろ起こったことを話してくれました。そのスタジオは昔、墓地があった場所でした。

全国の読者からも体験談が寄せられました。気になった話は一度電話して直接お話を聞くこともありました。

「霊感なんかない」と言う人も、私がちょっと不思議な話をすると「そういえば私もこんなことがあった」と語り出す。そんな話が結構怖くて面白いんです。人の話をきっかけに自分の体験を思い出す。怪談を引き出すテクニックです。

北川 私は怪異などまったく信じない人間です。いつも調査で30㎞、40㎞と歩くのですが、北海道でもその調子で山の中を歩いていたら、いくら歩いても、どこの集落にもたどり着けず、山中で夜を迎えることになってしまいました。どれほど怖かったか。真っ暗闇の中、いろんな動物の鳴き声がし、得体の知れぬもののうごめきを感じ、とにかく無我夢中で歩きました。ようやく民家の明かりが見えたときには、本当にホッとしました。「お化け屋敷」のような作られた恐怖は全然怖くありませんが、自然の闇ほど恐ろしいものはありません。

中山 暗闇がもっと多かった昔は、目に見えないものを人々は敏感に感じ取っていたのでしょう。

化け物や幽霊、妖怪など見たことがないものを怖いと感じることができるのは人間だけ。感じるためには想像力を働かせなくてはいけません。これはとても大事なことです。

また人間は生まれて死んでいきます。今の社会は「人間は死ぬ」ことを子どもたちから隠している。不自然です。生きること、死ぬことをもっと肌でリアルに感じていいと思うのですが。

北川 昔はおばあちゃんなんかがお孫さんに「悪いことをしたら地獄に落ちるよ」などと言い聞かせて、躾（しつけ）をしたものです。今はありもしないこと、非科学的なことを子どもたちに教え込んではいけないという風潮ですね。

大阪の怪談発掘を

北川 私が怪談の世界に足を踏み入れたのは、編集アドバイザーを務めていた月刊誌『大阪人』（現在休刊）に、江戸時代の大坂城に関する怪談をまとめて書いたのがきっかけです。

大阪は〝怪談不毛の地〟と言われていますが、大坂城について調べると、思いがけずたくさんの怪談が出てきました。

徳川幕府は豊臣大坂城をすべて地中に埋めて、その上に新たな大坂城を築きましたが、その徳川大坂城には3代将軍家光以降、14代家茂まで230年にわたって将軍の入城はありませんでした。そのため、将軍の御座所である本丸御殿は荒れ果ててお化け屋敷のようになっていました。

その結果、大坂城の城代・定番・加番・大番といった役職に就いた譜代大名や旗本たちは、大坂夏の陣で落城してから本丸御殿はそのままになっていると勘違いするようになりました。そして、自分たちの祖先がこの大坂城で豊臣家を滅ぼしたという罪悪感も持っていたために、彼らはそこで豊臣家の亡霊を見てしまうのです。「暗闇の間」「乱争の声」「ばけもの屋敷」といった怪談は、江戸に戻った大名・旗本たちが語ったものです。

大阪のまちにまつわる怪談も探せばもっと出てくると思います。

中山 大阪は古くから歴史が積み重なってでき

た都市。怖くてユニークな怪談がまだまだ眠っているはずです。

千日前は江戸時代、一帯が墓所、処刑場でした。1972年には千日デパートの大火災がありました。今でもあの辺りでおかしなものを見たという話をよく聞きます。京橋駅周辺は「大坂七墓」の一つ、蒲生墓地のあった場所。先の大戦で大空襲を受け、多くの犠牲者が出たところでもあります。

怪談話のあるところは、何かしらその土地の歴史とリンクして怪談が語られているような気がします。

大阪城内の「ばけもの屋敷跡」説明板前で

北川 怪談の背景には、過去の事件や歴史の記憶があるということですね。だとすれば、大阪の怪談をもっと発掘することで、意外な大阪の歴史が見つかるかもしれません。

一緒にそんな仕事ができたらいいですね。

ばけもの屋敷跡

江戸時代の初め、京橋口の定番屋敷には妖怪がすむと恐れられていた。

そのため、定番に赴任した大名たちは屋敷内に新たな祠（ほこら）を奉納する習わしになっていたが、足利藩主戸田忠囿は、習いに逆らい古い祠をまとめて玉造稲荷神社に移してしまった。

まもなく家臣たちに病に伏す者、半狂乱になる者が続出。忠囿は化け物が出るという書院に一人こもった。

3日目、髪を振り乱した白装束の怪物が現れた。激闘の末、忠囿は怪物を倒した。その正体は馬のように巨大な古狐だったという。

（2016年7月号）

第33回

ゲスト
元ＯＳＫ日本歌劇団娘役
美砂まり さん

みさご・まり
兵庫県伊丹市生まれ。1991年、日本歌劇学校入学。93年、ＯＳＫ日本歌劇団に入団、数々の舞台を踏む。
近鉄ＯＳＫ解散後は存続運動に携わり「ｎｅｗ ＯＳＫ」の結成に尽力した。在団時、娘役３人の歌のユニット「ブルーパンサー」を結成し、歌手としても活動。そのファイナルライブでＯＳＫを退団した。現在も女優としてさまざまな舞台で活躍中。

大阪城で「豊国踊《ほうこくおど》り」 ご一緒に

大坂の陣４００年プロジェクトの一環で、「市民が主役として参加できるイベントを」と企画され、復活した「豊国（ほうこく）踊り」。慶長９（１６０４）年に執り行われた豊臣秀吉七回忌の大祭礼で町衆が繰り広げたエネルギッシュでにぎやかな踊りです。昨年夏、大阪城天守閣前で初めて披露され、多くの市民が踊りの輪に加わりました。

今回のゲストは、豊国踊りの再現に踊り手として参加した元ＯＳＫ日本歌劇団娘役スターの美砂まりさんです。

北川 美砂さんは、以前この対談に出ていただいたＯＳＫの元トップスター桜花昇ぼるさん、元トップ娘役沙月梨乃さんとＯＳＫの同期生ですね。

美砂 66期生で、歌劇学校の2年間、苦楽を共にした大切な仲間です。歌劇学校では、一人の失敗は同期全員の連帯責任となります。稽古はつらく、厳しい修業の日々でしたが、「夢の舞台に立ちたい」との一心でした。同期の仲間とは家族よりも濃い人間関係で結ばれておりました。

北川　ＯＳＫ在籍中には、私が監修させていただいた作品にも出演されました。「真田幸村～夢・燃ゆる」では九度山の村娘役、ミュージカル「ＹＵＫＩＭＵＲＡ―我が心　炎の如く―」では淀殿の侍女役でした。

しかし何といっても美砂さんで思い出に残る作品は、２００９年に大阪国際交流センターで上演したミュージカル「安寿とづし王」です。森鷗外の小説『山椒大夫』でよく知られた物語です。

美砂さんは安寿（姉）とづし王（弟）の母親役でした。忘れられない名場面があります。まずは何といっても安寿・づし王と母との別れのシーンです。安寿とづし王の父は奥羽の太守でしたが、讒言（ざんげん）により九州に流されてしまいました。安寿・づし王・母の３人は、この父を訪ね求める旅に出ますが、越後の直江津（新潟県上越市）から舟に乗るのですが、悪い人買いにだまされ、安寿・づし王と母は別々の舟に乗せられ、安寿とづし王は丹後・由良（京都府宮津市）の山椒大太夫の元へと連れ去られ、母は佐渡へと送られるのです。直江津を出航した２つの舟が別々の方向に進み始めたとき、母は安寿とづし王の名を絶叫して、泣き崩れます。このシーンの美砂さんの演技が本当にすごくて、会場を埋めたほとんどの人が涙を流しました。安寿とづし王はその後山椒太夫のもとで酷使されるのですが、ある日姉の安寿が自らの身を犠牲にして弟づし王を脱出させます。づし王はやがて四天王寺に至り、ここで健康な体を取り戻し、貴族に見いだされて京都に行きます。天皇にこれまでの経緯を言上し、父と同じ奥

羽の太守となったづし王は佐渡に母を迎えに行くのですが、盲目になり、浜辺で「安寿恋しやホウヤレホ、づし王恋しやホウヤレホ」と鳥追い唄を歌う母と再会を果たすのです。この場面でも皆さんが涙しました。

この2つの場面では、脚本を書いた私でさえ、美砂さんの名演技に思わず涙がこぼれました。

美砂 お芝居が好きですので、演じる機会をいただけたのは大変光栄でした。

づし王が復活するのは四天王寺西門の石鳥居。私はこの作品に出会うまで、この物語が四天王寺を舞台にしたものだとは知りませんでした。

北川 この物語を世に広めたのは森鷗外の『山椒大夫』ですが、これは中世の説経「さんせう太夫」を下敷きにした作品です。説経は信仰に導くための物語ですが、鷗外は肝心の四天王寺の場面を省いて小説化したんです。それが世間に広まり、私たちのよく知る「安寿とづし王」の物語になりました。

本来の説経では、山椒太夫のところから逃げ出したづし王は足腰が立たないほど弱り果て、土車に乗せられてようやく四天王寺にたどり着きます。よろめきながら西門石鳥居の右側の柱に抱きついたところ、仏の加護によりよみがえることができたという話だったのです。

ほかにも私たちがよく知る物語で、実は上町台地が舞台であるという作品がいくつもあるのですが、今では地元の方もあまりご存じありません。大変もったいない話です。それらの物語は上町台地の歴史を知る上でも大変重要ですし、上町台地にとって貴重な財産でもあります。そんな物語を掘り起こして皆さんに知っていただこうと思い、企画したのがこのミュージカルだったのです。

豊国踊りの様子

大阪の新たな夏の風物詩に

北川　ところで、昨年、400年ぶりに復活させ、たくさんの市民の方も一緒に踊ってくださった「豊国踊り」ですが、今年も8月13日に大阪城天守閣前で開催します。

当時は、京都の上京、下京の町人総勢1500人が京都の豊国（とよくに）神社・方広寺大仏殿の前に集まり、町組ごとにそれぞれそろいの衣装や法被を着て踊りました。

その熱狂ぶりは、京都の豊国神社と名古屋の徳川美術館が所蔵する2種類の「豊国（ほうこく）祭礼図屏風」に描かれています。こうした絵画史料、また当時の様子を記した文献史料、そして豊国踊りは当時流行した風流踊りの一種で、現在も各地に風流踊りが伝承されていますので、そうしたものも参考にしながら、学術的な裏付けをして再現したのが現代版「豊国（ほうこく）踊り」です。

美砂　同じ動作を繰り返す踊りなので、振り付けは簡単。踊りを経験したことがない人でもすぐに踊ることができます。昨年は子どもや外国人観光客など大勢の方が参加してくれました。一度踊れば皆さん、「楽しい。もっと踊りたい」とおっしゃいます。

私たちが披露する踊りはあくまでサンプルで、それを崩して河内音頭風、阿波踊り風、よさこい風でも、サンバ風、ジャズダンス風、ヒップホップ風、スパニッシュ風でも、自由に発展させてもらえたらうれしい。いつか屏風絵に描かれたような壮大な規模で、エネルギッシュな豊国踊りを皆さんと一緒に踊りたいと思っています。

大阪城内の豊國（ほうこく）神社境内に立つ豊臣秀吉像前で

北川 この豊国踊りが大阪の新たな夏の風物詩として定着してくれたらと願っています。

そして、後の時代に「この豊国踊りは大坂の陣400年のときにできたんやで」と語り継がれたら、大坂の陣400年プロジェクトをやった意味があると思っています。

（2016年8月号）

第34回

ゲスト
歌舞伎俳優
中村勘九郎さん

なかむら・かんくろう
1981年生まれ。十八代目中村勘三郎の長男。87年、二代目勘太郎を名乗り初舞台を踏む。2012年、六代目中村勘九郎を襲名。歌舞伎の舞台公演にとどまらず、映画、テレビ、写真集など幅広い分野で活躍している。

「腰抜け男」から天下一の名将となった幸村

今回のゲストは歌舞伎俳優の中村勘九郎さんです。２０１４年に初演され、大ヒットした舞台「真田十勇士」がこのほど映画化されることになり、舞台に続いて勘九郎さんが主役の猿飛佐助役を演じます。

映画の公開は9月22日ですが、それに先立つ9月11日から舞台も再演され、そこでも主演を務めるのは勘九郎さん。

「天下一の武将、真田幸村の伝説は、実は猿飛佐助に仕組まれたものだった」というこれまでにない発想の本作。作品を監修した北川央・大阪城天守閣館長が話を聞きました。

北川　２０１０年に大阪城で特設劇場「大阪平成中村座」を開催して以来のお付き合いになります。お父さまの勘三郎さんから、「ぜひ大阪城で平成中村座をやりたい」とお話があって実現した企画でした。

会場となった西の丸庭園は天守閣を臨む絶好のロケーション。芝居小屋の後ろの部分が開き、雄大な

天守閣を借景にしたダイナミックな演出で、大きな話題となりました。後ろが開き、天守閣が姿を現した時には小屋が揺れるくらいのどよめきが客席から起こりましたね。

勘九郎 あの時の感動は今でも覚えています。

大坂の陣から４００年の節目の年を迎えた昨年、再び平成中村座を大阪城で開催することができました。父を愛してくれた皆さまが力を合わせてかなえてくださった公演。父が「還暦の年に戻ってきます」と言っていましたので実現して感無量でした。

北川 勘三郎さんは、「現役の役者の中で、私ほど秀吉を多く演じた役者はいない」とおっしゃっていました。とにかく歴史が好きで詳しかったですね。

初代中村勘三郎は豊臣秀吉が亡くなった慶長3（１５９８）年に、秀吉の故郷尾張国愛知郡中村で生まれたと伝えられます。「中村屋」という屋号はその出身地にちなんだものといいます。

初代の祖父とされる中村右近は、慶長19（１６１４）年の大坂冬の陣に徳川方の蜂須賀至鎮隊に属して出陣しました。本町橋の西詰に陣を敷いていたところ、塙団右衛門の夜討ちに遭い、討ち死にしています。勘三郎さんはそのこともよくご存知でした。

勘九郎 先祖は徳川方だったのですか。敵じゃないですか（笑）。父から本町橋の話は聞いていましたが、徳川方とは知りませんでした。

北川 勘三郎さんは公演の会期中に大阪城天守閣にお越しになり、展望台から外を眺め、「うちの先祖が討ち死にした本町橋はどの辺りですか」とお

尋ねになりました。私がその方向を指し示すと、「大坂の陣から400年を迎える年には、先祖の供養のために必ず平成中村座で大阪城に戻って来ます。そのときはぜひ案内をお願いします」とおっしゃったんです。喜んでお引き受けしたのですが、まさかそれが最後になろうとは夢にも思いませんでした。

昨年、平成中村座は約束通り大阪城に戻って来てくださいました。会期中、私も約束を果たすため、本町橋に足を運び、勘三郎さんとご先祖のご冥福をお祈りしました。

勘九郎　ありがとうございます。父は公演中、車で本町橋にちょっと寄ったそうです。いつか私も行ってみたいと思っています。

大阪城でも撮影　映画「真田十勇士」

勘九郎　今年1月、大阪城で映画「真田十勇士」の撮影がありました。大坂城への入城シーンを本物の大阪城で撮ったんです。しびれましたね。合戦の場面の撮影もあり、人の頭を飛び越える派手なアクションは実にスリリングでした。

撮影中はけがとの戦いでした。身に着ける甲冑（かっちゅう）も、舞台のものと違って本物に近いくらいの重さがあり、激しい動きをすると手がずたずたになる。でも、本当にいい経験でした。

北川　舞台「真田十勇士」を製作される際、2013年に堤幸彦監督が「真田幸村のことを教えてほしい」と大阪城天守閣に私を訪ねて来られました。私は、「幸村は若い頃から天才的な武将だったように思われているが、実際には大坂冬の陣で大坂城に入城するまで、幸村に指揮官としての経験はなく、すべて父昌幸の指示に従って戦ったに過ぎない。二度にわたって徳川の大軍相手に勝利したことを含め、それまでの実績はすべて昌幸のもので、幸村の将としての実力は未知数。冬の陣勃発の時点では徳川家康もさほど幸村を警戒していなかった」というようなお話をさせていただきました。

舞台「真田十勇士」の幸村は、これまでの格好いいイメージとは違って、「腰抜け男」の幸村が、猿飛佐助らに担がれ、少しずつ「天下一の名将」になっていくという筋立てです。新しい幸村像の提示になったのではないでしょうか。

勘九郎 名将真田昌幸の息子であるから、すごい武将に違いないと思われ、「腰抜け男」の幸村は悩み、苦しみます。佐助はその幸村

を「本物の英雄に仕立て上げようじゃないか」と十勇士を誕生させました。佐助に言われるままに「名将」を演じる幸村。その「名将」と「腰抜け男」のギャップが面白い。見どころの一つです。そして、「名将」を演じ続けているうちに、いつしか幸村は本物の名将になってしまうのです。

今回は、舞台と映画が同時期に公開される初の試みです。スクリーンの中にいた人が生で舞台に飛び出してくるのですから、映画を見た人は絶対舞台も見に行きたくなるはず。特に大阪のお客さまは、身近にある大阪城が作品の舞台で実際に足を運べるのですから、東京では味わえない楽しみもあります。ぜひ、映画と舞台の両方をご覧いただきたいと思います。

（２０１６年９月号）

第35回

ゲスト
兵庫県立歴史博物館館長
藪田貫さん

やぶた・ゆたか
1948年、大阪府生まれ。大阪大文学部卒業、同大学院博士課程に進学ののち、同大助手、京都橘女子大助教授を経て、関西大文学部教授に着任。現在は同大名誉教授。専門は江戸時代（近世）の社会史・女性史。著書に代表作の『国訴と百姓一揆の研究』、『近世大坂地域の史的研究』など。2014年4月から兵庫県立歴史博物館館長。

大坂の武士の営み　伝えたい

今回のゲストは、『武士の町大坂―「天下の台所」の侍たち』（中公新書）の著者で、兵庫県立歴史博物館館長を務める藪田貫氏です。

本書では、これまで「町人のまち」とみなされてきた近世の大坂を見直し、影の薄かった武士の存在に注目して当時の大坂の姿を浮き彫りにしています。大阪の歴史にとって重要な問題提起となりました。

北川　江戸時代の大坂には、「天下の台所、主役は町人」という決まり切ったイメージがあります。大坂城の城下町という観点が抜けており、大坂城や武士の存在感はほとんどありません。そうした状況を克服するために、大阪城天守閣では1993年度に「徳川時代大坂城関係資料調査」という事業を立ち上げました。江戸時代の大坂城に着任したのは各地の譜代大名や旗本たちなので、彼らの地元に足を運んで在任中の日誌を探し、『徳川時代大坂城関係史料集』として順次刊行してきました。これにより江戸時代の大坂城を研究するための材料が整い、研究がずいぶん進展しました。

私たちの事業の立ち上げからしばらくして、1998年に新書のもとになった先生の論文「『武士の町』大坂」が関西大学の『文学論集』に発表され、私は「我が意を得たり」との思いでした。タイトルの「『武士の町』大坂」も刺激的でした。

藪田 確かに江戸時代の大坂は町人中心のまちで、その数は35万人から40万人。一方の武士は8000人から1万人と数では到底及びません。しかし相当数の武士が存在したのは事実です。それなのに「わずか500人しかいない」とか「武士はいないも同然」とされ、歴史家も武士を取り上げてきませんでした。

そこにいびつさを感じ、「大坂には武士がほとんどいなかった」という定説を覆す仮説を立てたのです。

北川 「大坂は町人が主役であってほしい」と思う人がたくさんいますし、多くの人がそう思い込んできました。でも、1万人もいる武士と無縁で生活が成り立っていたわけではありません。大坂の町の支配者であり、消費者という点でも大きな存在である武士が抜けているのはおかしな話です。

大坂城のトップは、江戸の将軍の名代として赴任した「大坂城代」でした。そのもとに定番・加番・大番といった役職に就く譜代大名・旗本たちがおり、町奉行所や代官所もありました。

また、大坂には諸藩の蔵屋敷が集中し、そこにも武士がいました。家族も含めると、相当な数になります。

藪田 全国各地の藩は城主が世襲制なのに、大坂はトップの大坂城代を譜代大名たちが交代で務めます。大坂は「指揮する主人のいないまち」だったと言えるのではないでしょうか。私は、それが豊臣から徳川に変わった時の決定的な違いだと思います。

北川　外からやって来る転勤族の武士に対し、地元に根付いている町人たち。大坂独特の武士のあり方ですね。

大坂は情報のターミナル

藪田　資料として私が探したのは日記です。日記は実に面白く、当時の生活の様子がよく分かります。

例えば、大坂・北堀江の造り酒屋に生まれた木村蒹葭堂（きむらけんかどう）の日記には、伊勢長島藩の大名・増山雪斎が大坂城に赴任すると必ず城内に呼ばれ、連日議論したとあります。博物学者で、貝殻など動植物のコレクターだった蒹葭堂は、標本調査で長崎まで行き、中国人やオランダ人から情報を得る財力もありました。

文人大名として知られた雪斎は、それらの情報を江戸や伊勢にいては得られない。だから蒹葭堂に会える大坂に行きたくて仕方なかったのです。

西町奉行に着任した久須美祐明（くすみすけあきら）は、その日食べた献立を日記に残していました。何もかも新鮮だったのでしょう。赴任後間もなく、ハモを付け焼きと塩焼きの両方で食べてその美味に驚いたことや、季節によって変わる汁の具材、バリエーション豊富な豆腐料理などを克明に記しています。間もなく出版しますのでご覧ください。

北川　伊勢参りの旅人たちも必ず大坂に立ち寄り、数日間滞在しますが、彼らの日記からも、大坂を満喫する様子がうかがえます。道頓堀で歌舞伎や人形浄瑠璃を楽しみ、善光寺如来が出現したあみだ池や四天王寺、高津神社、生國魂神社など、世に聞こえた名所を訪ねます。さまざまな見世物小屋や名物・土産物を売る店も並んでいました。活気あふれる、とても魅力的なまちで、どこよりも面白かったようです。

藪田　当時の大坂は、オランダや中国と行き来のある長崎とじかにつながり、情報は大坂を経由して江戸に伝わりました。「情報のターミナル」だったのです。文化と学問の花開く、知的エリートや武士にはたまらない魅力あるまちだったでしょう。

そこに一番敏感だったのが、在坂の武士、大塩平八郎です。彼は与力としても敏腕でしたが学識もあり、江戸から来る武士にも名が知れていました。

西町奉行に就いた新見正路（しんみまさみち）は、頼山陽の代表作『日本外史』を、大塩を介して入手しています。下級武士でありながら学問にもたけた大塩のような人物を生み出す力が当時の大坂にはあったのです。

北川 歴史の研究も時代の流れや価値観と無縁ではなく、ときに時代の要請に迎合した研究も現れます。

藪田 江戸時代の大坂の姿が、時代の解釈によって変えられていくのは仕方がないことかもしれません。しかし私は「大坂にも武士がいた」ことを立証したいのではなく、その根っこにある事実を伝えたかったのです。

当時のことを書き留めた日記を読めば、当時の人が何を考え、どう感じ、どのような生活をしていたのか、具体的な事実がわかります。その事実自体は時が流れても変わりません。だから、埋もれている日記を掘り起こし、「当時の人々の記録」として後世に残したい。この思いが私の研究の原動力となっています。

（２０１６年10月号）

マイドームおおさか前の「西町奉行所址」碑前で

第36回

ゲスト
フリーアナウンサー
木村真弓 さん

きむら・まゆみ
大阪府生まれ。証券会社勤務を経てフリーアナウンサーに。「音で楽しむ旅」をライフワークに各地の音を収集している。
NHKラジオ「かんさい土曜ほっとタイム」で、音を切り口にした旅情報を担当中。旅行ペンクラブ、NPO法人もうひとつの旅クラブ、日本サウンドスケープ協会会員。NHK文化センター講師。

音から見える上町台地の風景

今回のゲストは、ラジオ番組などで活躍中のフリーアナウンサー木村真弓さんです。取材を通して日常にあふれる「音」の面白さに目覚め、全国各地を旅しながらさまざまな音を集めているという木村さん。「そのときの心境や年齢、体験によって、同じ音でも人により受け取り方が違う」と音の奥深さを語ります。上町台地に響く音から浮かび上がる情景とは。「四天王寺の鐘の音が一番好き」という北川央館長と語り合いました。

北川 木村さんのラジオ番組に出演したときに、谷町3丁目付近の音を紹介されたのが、「音の風景」を意識したきっかけです。近くのビルから流れるメロディー時報や始発前の地下鉄のゲートが開く音、通勤・通学の人たちの足音、学校のチャイムなど、普段私たちが耳にしながら気に留めていない音を丁寧に集めておられた。大阪城天守閣が開館する時の太鼓も収録いただき、音を聞いただけで、その向こうに風景が見えるようでした。

木村 目で見る風景の「ランドスケープ」に対

して、音から感じる風景を「サウンドスケープ」といいます。聞こえる音からさまざまなイメージがふくらみ、情景として見えてくるのです。

私は各地を旅しながら耳を澄まし、その場所に秘められている歴史や文化、物語を想像します。

例えば四天王寺。谷町筋は車やまちの喧騒（けんそう）でにぎやかですが、四天王寺の門を一歩入れば音の世界はガラリと変わります。自分の足音が耳によく響き、亀の池に近付くにつれ「ゴーン、ゴーン」と鐘の音が大きく聞こえてきます。

「引導の鐘」と呼ばれる北鐘堂の鐘の音は、「遠く極楽まで届く」といわれます。先祖供養に訪れる方がひっきりなしで、鐘が鳴りやむことがない。「ご先祖様に音を届けたい」という庶民の思いがうかがえる場所です。

北川 引導の鐘は私が好きな上町台地の音の一つです。本堂である金堂や五重塔、講堂などの中心伽藍は有料なので、観光客はともかく、日常的にお参りに来られる方はあまり寄り付きません。それに対し、伽藍北側の六時堂、北鐘堂、亀井堂辺りは常に多くの参拝客でにぎわっています。あの一画に、四天王寺の庶民信仰が根付き、生きていると感じます。

木村 2000年に大阪府と大阪21世紀協会が「21世紀に残したい音」を募りました。上町台地では四天王寺の鐘のほかに、「どやどや」の活気や清水寺の滝の音、愛染まつりの宝恵かごの掛け声、阪堺電車の走行音などが選ばれました。

その中で印象に残ったのは、中央区釣鐘町にある「大坂町中時報鐘」です。普段はコンピューター制御で鳴っていますが、時の記念日と大みそかだけは撞木（しゅもく）が替えられ、地元の方が交代で突きます。コンピューターと人では間合いや強弱の響きが異なり、「音が生きている」のを感じます。

北川　あの鐘は、徳川幕府の三代将軍家光が大坂の地子銀（税金）を永代免除したことに感謝した町人たちがお金を出し合って造ったものです。一刻（現在の2時間）おきに鐘が鳴るたび、町人たちは徳川幕府に対する感謝の気持ちを強くしたのです。

ところが明治維新を機に鐘は撤去されました。徳川をたたえる鐘ですから、打ち鳴らせなくなったのです。その代わりに登場したのが大阪城の大砲です。

当初は1日3回、朝8時と正午、日没に鳴らしていましたが、そのうちお昼の1回になり、市民には「お昼のドン」と呼ばれ親しまれました。

明治4（1871）年、大阪に造幣局が誕生したときは、大阪湾に停泊していた欧米各国の軍艦が祝砲を上げました。その際大阪城の号砲で返礼しています。25年前の天守閣復興60周年に大砲を鳴らしてみましたが、それはそれは大きな音でした。

木村　鐘はその後、近隣の寺や小学校などを転々とした後、府庁の屋上に納まりしばらく忘れ去られていましたが、地元の強い要望で昭和60（1985）年に現在の場所に里帰りを果たしました。数奇な運命をたどった鐘ですが、今も大切にされています。ずっとこの地で鳴り響いてほしいですね。

音にも歴史がある

北川　もうずいぶん前のことですが、テレビで時代劇を見ていると、江戸でもないのに、江戸の祭り囃子（ばやし）で祭りを表現しているのに強い違和感を覚えたことがあります。江戸の祭り囃子はCDになっていて、使い勝手がいいのでしょうが、本来、それぞれの地域には、それぞれの地域に根付いた「祭りの音」があるはずです。

大阪の代表的な祭り囃子に「天神囃子」がありますが、あの囃子は別に天神さん（大阪天満宮）で使われていたのが広がって、大阪のいろんな神社で使われるようになったわけではありません。天神囃子のルーツは、伊勢大神楽の道中囃子です。ほんの20年くらい前までは、伊勢大神楽ゆかりのプロの人たちが、大阪天満宮や生國魂神社、露天神社、住吉大社、生根神社などの夏祭りに囃子方として参加していました。それを地元の人たちが学び、少しずつ自分たちでやるようになっていったのです。

担い手がプロから素人に代わったことで、徐々に崩れ、各神社のお囃子に差異が生じるようになりました。うちの神社のお囃子はあそこの神社のお囃子とここが違うなどという話を聞いたりするのですが、もともとは同じ伊勢大神楽ゆかりの人たちが奏でていたわけですから、まったく同じ囃子だったのです。聞き慣れた音にも歴史があり、たどっていくとその変遷が見えてきます。

木村　今の時代、スマートフォンで写真を撮るのに忙しくて、ゆっくり立ち止まって耳を澄ますことは少ないかもしれません。でも、目を閉じるとたくさんの音が聞こえてきます。同じ音でも、聞く人によって受け取り方は千差万別。さまざまな想像が広がります。懐かしい思い出がよみがえり、当時にタイムスリップすることもできます。音の魅力は尽きません。

（２０１６年11月号）

中央区釣鐘町にある「大坂町中時報鐘」前で

第37回

ゲスト
元宝塚歌劇団男役
鳴海じゅん さん

なるみ・じゅん
京都府出身。1994年、宝塚音楽学校卒業。同年宝塚歌劇団入団、「火の鳥」で初舞台。2000年、月組から星組に組み替え。「ノバ・ボサ・ノバ」、「ベルサイユのばら」「ウエストサイドストーリー」など宝塚の代表作といえる作品に出演。03年に退団後は、歌唱力を武器にコンサートやミュージカルなどの舞台で活躍している。

出会いに感謝　役柄に自身重ね

大坂の陣400年を記念して昨年5月に初演された舞台「太鼓×歌劇　大阪城パラディオン―将星☆真田幸村―」。真田幸村を主役に宝塚歌劇団とOSK日本歌劇団出身のスターたちが競演する華麗なミュージカルです。

大阪城・上田城友好城郭提携10周年を記念して12月4日に長野県上田市で、さらに10・11日には北区のサンケイホールブリーゼで再演されるのを前に、後藤又兵衛役を務める宝塚歌劇団出身の鳴海じゅんさんと作品を監修した北川央館長が、幸村をめぐる武将たちについて話しました。

鳴海　高校3年のとき、友人に借りたビデオで「ベルサイユのばら」を見たのが宝塚歌劇との出会いでした。華やかな世界に感激し、宝塚音楽学校を一回きりのラストチャンスで受験。合格できたことは奇跡です。2年間の厳しい修業生活を経て立てた夢の初舞台はただただうれしくて、プレッシャーよりも喜びの方が断然大きかったように思います。

星組で2001年に、あの「ベルサイユのばら」

を再演することになりました。私の役は、オスカル率いる衛兵隊の隊員。あこがれていた役でした。フランス革命でオスカルが最期を遂げる名シーンがあり、そこでダンスを踊るのが長年の夢でしたので、毎日が感動でした。私にとって宝物のような作品です。

　宝塚の言葉に「男役10年」というものがあります。退団後、舞台などを務めながら、最近になってようやく自分の男役像が確立できたかなと感じています。そんな中、「大阪城パラディオン」を通して主役の真田幸村を務めるOSK出身の桜花昇ぼるさんとの出会いは大きな転機となりました。

北川　「大阪城パラディオン」は、関西発祥の女性歌劇、宝塚とOSKの垣根を取り払った作品です。ライバルとして長年鎬（しのぎ）を削ってきた2つの歌劇団の元スターたちが競演する舞台はインパクト抜群でした。

　最初鳴海さんとお会いしたときは、とにかくスレンダーな体形ですので、豪傑の又兵衛とは随分かけ離れた印象を持ちましたが、舞台での存在感は大きく、圧倒的でした。これまでは、OSKの絶対的トップスターだった桜花さんを輝かせるために周りは引き立て役だったのに、今回の舞台では桜花さんと鳴海さんがどちらもまぶしいほどに光り輝いている。舞台上で2人の間に火花が散るのが見えるようで、作り手の側としては本当に面白かったですね。

鳴海　又兵衛はガッツがあり、幸村に食らいついていくという役どころでしたから、その思いのまま、私も初対面の桜花さんに稽古初日からぶつかっていきました。そしたら、打てば響く相手でしっかりとこたえてくださった。

でも悔しいかな、桜花さんはやはり真ん中に立つ人です。キラキラしていて、私には無いものを持っておられ、それが無意識のうちに出てくる。本番の舞台では桜花さんに全部持っていかれました。良きライバルであると同時に永遠のあこがれのような存在。刺激をもらいながら、「負けてられへん」と切磋琢磨しています。

後藤又兵衛役の鳴海さん

北川 幸村と又兵衛はどちらも強い武将ですから、最初は激しくぶつかりますが、そのうちに互いを認め合う。鳴海さんと桜花さんの間にもいつのまにかそんな関係が出来上がっていたのですね。

片倉小十郎で主役に

北川 大坂夏の陣の道明寺合戦で後藤又兵衛を打ち破ったのが、徳川方・伊達政宗隊。その伊達隊で先鋒を務めた武将が片倉小十郎でした。彼のふるさと宮城県白石市で今年7月、ミュージカル「永遠のカンパニージャー鬼小十郎と真田幸村―」を上演し、鳴海さんに主役の小十郎を務めていただきました。

幸村は、小十郎の武将としての力量と人柄を敵方ながら高く評価していました。大坂城落城と自分の死が近いことを悟った幸村は、小十郎に娘の阿梅（おうめ）を託したと伝えられています。その後阿梅は小十郎の妻として迎えられ、幸村の子孫たちは、はるか奥州の地で今日まで真田の血を受け継いできました。「永遠のカンパニージャ」はこうした史実をもとに作った作品です。

鳴海　上演にあたり白石市を訪ね、小十郎と阿梅さんのお墓参りをしました。現地では市民のみなさんが2人を愛し、大切に守ってこられたのが伝わってきました。

敵方に娘の命を託す方も、受け入れる方もよほどの覚悟がないとできないこと。それでも、幸村の思いを受け止め、「お引き受け申した」と敵方の娘を自分の故郷に連れ帰る小十郎は、芯の通った人物だったのでしょう。白石では阿梅さんのことを愛し、大事になさったと思います。

永遠のカンパニージャのチラシ

北川　鳴海さんはこの1年、私が関わった作品以外でも桜花さんと多く共演され、公私ともに関係を深められました。12月の舞台では、より磨きのかかった2人の呼吸を見るのが楽しみです。

鳴海　又兵衛役も小十郎役も、ハードルの高い中で役柄に自身を重ね、息を吹き込み演じてきました。私を成長させてくれたこの出会いにとても感謝しています。

（2016年12月号）

後藤又兵衛、片倉小十郎の関連資料前で（大阪城天守閣）

第38回

ゲスト 大阪くらしの今昔館館長
谷直樹 さん

たに・なおき
兵庫県生まれ。京都大大学院工学研究科建築学専攻博士課程修了。大阪市立大名誉教授。専門は建築史、居住文化史、博物館学。工学博士。
堺市博物館、月桂冠大倉記念館、宇和民具館、大阪くらしの今昔館の常設展示を設計。大阪くらしの今昔館の先駆的な企画・運営で日本建築学会賞および同教育賞を受賞。主著に『中井家大工支配の研究』。

天下人を支えた大工棟梁　中井家

大阪くらしの今昔館館長で建築史が専門の谷直樹さんは、江戸時代、徳川幕府のもとで大工頭を世襲した「中井家」の研究に長年取り組んでこられました。

天下人家康の権力を裏方で支えた日本一の大工棟梁。二条城、京都御所、清水寺、延暦寺根本中堂など中井家が手掛けた建築物の多くは国宝で、世界遺産に登録され、日本を代表する建物として国内外に知られています。

今昔館には「大工頭中井家関係資料」（国重要文化財　中井正知氏・中井正純氏蔵）が寄託・収蔵されています。同資料は中井家が関わった建築の指図（建築設計図）や配下の大工組織、造営に関する資料のほか、徳川幕府の老中連署状や京都所司代板倉勝重の書状、片桐且元・大野治長らの書状なども含まれ、総計5000点以上に及ぶ資料からは大坂の陣当時の情勢も読み取れます。

谷 初代中井正清（1565～1619）は関ヶ原の合戦直後の伏見城の再建、二条城、江戸城、

駿府城、名古屋城と次々に城を造営し、それらの工事を通じて配下の大工を増やしていきました。家康の権力が強まると近畿地方の大工を束ね、名古屋城造営の際は近江まで含めた6カ国の大工500人を現地に動員しました。

城を造るのは短期決戦。技術だけでなく組織を束ねる力も必要です。正清は「カリスマ棟梁」として名声を上げ、家康お抱えの大工としてのし上がっていきました。

北川　幕府直営の大規模工事を請け負う中で、各地の大工組織を傘下に収め、天下人家康の側近として、日本一の大工棟梁にのし上がっていったのですね。

谷　1612年から翌年にかけて、正清は京都御所、名古屋城、京都・方広寺大仏殿という3つの事業を同時並行で手掛けていました。

ところが名古屋城の工事が遅れます。大坂の陣の足音が近づく中、家康から「真っ先に名古屋城を」と指令が飛び、正清は方広寺の大工を一部残して、主要な大工を名古屋に集結させ、天守を半年弱で完成させました。その1か月後、今度は京都御所の上棟式に勢ぞろいしています。

城は目に見える形で時の権力者の威光を象徴するもの。家康にとって、機動力を備えた信頼できる大工集団をもつことは、天下人としての力を世に示す大きな力となったことでしょう。

北川　大坂の陣の引き金となった「方広寺鐘銘事件」にも正清が関わっていますね。梵鐘に刻まれた銘文が、家康を呪詛（じゅそ）し、豊臣家の繁栄を願うものだと問題になった。正清はそのとき、豊

臣秀頼の命で方広寺大仏殿を再建していました。

谷 銘文事件を家康にいち早く伝えたのは正清だったと言われています。大坂冬の陣が勃発すると、正清は家康の大坂入りに随行し、茶臼山の陣所を4日間で造り上げました。

北川 東京国立博物館所蔵の「大坂冬の陣図屏風」を見ると、徳川家康の陣所には望楼が建てられ、まるでお城のよう。周囲には堀も巡らせています。あんな立派なものが一瞬で完成するなんてすごいですね。

谷 冬の陣が始まる直前には、鉄砲弾をはね返す「鉄の楯」500丁を造ったと中井家の資料に記されています。しかも方広寺の境内で大仏殿の残材を利用して造ったと。

北川 家康が購入した外国製の大砲から放たれた砲弾が淀殿の御座所に命中し、冬の陣が一気に講和へと向かったことはよく知られた事実です。その大砲の砲台を造ったのも正清だったとか。頑丈な砲台があってこその命中だったのでしょうね。

谷 翌年の夏の陣で、法隆寺の門前にあった中井家の屋敷は豊臣方に焼かれてしまいました。強い恨みを買ったのでしょう。

戦争には、表舞台で華々しく活躍する武将ばかりでなく、後方で体制を堅固に支える裏方の人間がいます。正清は、大工棟梁として徳川の勝利を支えた影の立役者だったのです。

豊臣大坂城の本丸図

谷 1959年の大坂城総合学術調査で、現在の本丸地下から石垣の遺構が発見されました。

さらに翌年、東京の中井家で本丸図が発見されます。城郭の本丸平面図で、建物の名前、石垣の高さなどが書かれており、遺構と照らし合わせると見事に一致し、豊臣期大坂城のものだったと結論づけられました。

北川 一級の史料が出てきたわけですが、なぜこれが中井家資料にあるのか興味深いところです。中井家資料には豊臣秀吉自身や秀吉時代の豊臣政権中枢からの手紙などはまったくありませんね。

谷　正清の父、中井正吉（まさよし）は法隆寺の大工でした。秀吉が最初に方広寺を造ったときに棟梁として参加したと伝えられますから、秀吉の大坂城築城の際にもいたのではないかと思います。

「大阪くらしの今昔館」江戸時代のまち並みを再現した商家で

しかし、江戸時代になり、豊臣家に関する資料は世をはばかり廃棄されたのではないでしょうか。そうした中、この本丸図だけは幸い残りました。おかげで、今まで知られていなかった豊臣大坂城の姿が見えてきたのです。

北川　中井家は大坂夏の陣後の大坂の復興にも関わっています。

まずは、落城した大坂城の再興。徳川秀忠の命で大坂城が再築され、中井家が建築工事を担当しました。現存する大阪城の千貫櫓や乾櫓はそのときに建てられたものですから、中井家の仕事ということになりますね。一般に歴史的な建築物を見ても大工さんにまで意識が及びませんが、中井家の業績を思うと、改めて日本の建築文化に果たした大工さんの役割の大きさを思わずにはいられません。

谷　二代目正侶（まさとも）は四天王寺伽藍の再興、三代目正知（まさとも）は住吉大社の遷宮を担当しました。

中井家の技術と業績は、目に見える形で今に残っています。そのうち「中井家の作品」というくくりで世界遺産登録ができるのではないかと期待しています。

（2017年1月号）

第39回

ゲスト

刀匠

月山貞利 さん

がっさん・さだとし
1946年大阪市生まれ。大阪工業大学卒業後、人間国宝の父・貞一に師事する。82年、現代刀匠としての最高位、日本美術刀剣保存協会の「無鑑査」に認定。奈良県無形文化財保持者。
奈良県桜井市の三輪山のふもとに鍛錬場を構え、昔ながらの製法で、長男の貞伸さんや弟子とともに作刀に励んでいる。

日本の名刀「月山《がっさん》」伝承される技と美

今回のゲストは日本刀月山派の当主で、刀匠の月山貞利さん。鎌倉時代から800年以上にわたり続いてきた月山鍛治の末裔です。

「月山」の銘が刻まれた刀剣は、実用性の高さと「綾杉肌」と呼ばれる波のうねりのような美しい刀身の肌模様で知られています。

明治維新の廃刀令や第二次大戦後のGHQによる武器製造禁止令など幾多の苦難を乗り越え、その技術は今日まで連綿と受け継がれてきました。古くは実用品として、現在は美術工芸品として、日本刀は海外でも高い評価を受けています。

北川 古くから山岳信仰の霊場として知られた東北の出羽三山の主峰、月山のふもとで、鎌倉時代から修験者（山伏）の護身刀を作る刀工集団がありました。これが月山派の源流ですね。

月山 月山鍛冶は、月山に登り、身を清めてから刀を打っていました。山伏の武器や護身用につくられた月山刀は、今見ても神秘的で崇高な雰囲気が漂っています。

北川　月山のふもとで活躍していた月山派でしたが、江戸時代に急速に衰退していきます。そうした中、幕末の天保初年（１８３０年頃）に大坂に移り住んだのが月山貞吉です。

「町人のまち」として知られる江戸時代の大坂は、江戸に比べれば武士の数は圧倒的に少ないのですが、活気あふれる商業のまちで、多くの職人たちも住んでいました。刀工たちもたくさんいて、江戸時代の大坂は刀の一大生産地として有名で、江戸時代の大坂で作られた刀は「大坂新刀」と総称されます。「新刀」とは江戸時代に作られた刀のことです。

月山　貞吉も大坂城下の鎗屋町（やりやまち・現中央区）に居を構え月山伝の刀作りに励みました。大坂で名を上げようと、それは大変な決意でやってきたと思います。

北川　地元月山では既に刀作りは途絶えてしまったわけですから、貞吉が月山を離れて大坂に移ったからこそ月山派が今に残ったということになりますね。

苦難を乗り越え

北川　その後、貞吉が迎えた養子・初代貞一（さだかず）は傑出した才能の持ち主だったとか。しかし、時代の流れで明治の「廃刀令」に直面します。

月山　貞一は私の曽祖父にあたり、廃刀令で他の鍛冶屋が廃業に追い込まれる中、月山家を守ってくれた人です。貞一は外国人向けに刀を作り、なんとか生計を立てていました。

「月山」の銘では外国人は買ってくれません。自分が作った刀に「正宗」「景光」など有名な刀匠の銘を刻んで渡したといいます。作者にとって作品に自分の銘を刻むことができないほど残念なことはありません。苦渋の思いだったと想像します。

　それらの作品はアメリカのボストン美術館やメトロポリタン美術館などに収蔵されています。「月山」の銘がなくとも、曽祖父の作品はやすり目や銘の書体ですぐに分かります。初めて見たときは、「こうして月山家を守ってくれたのか」と胸が熱くなりました。

　貞一はさらに、刀身に精巧な彫刻を施す「刀身彫（月山彫）」という新たな伝統を加え、現在に至る月山派の基礎を築いてくれました。

北川　戊辰戦争で日本刀は既に時代遅れの武器と認識されるようになりましたが、その後勃発した西南戦争で、官軍は示現流の剣術を使う薩摩の西郷軍に大苦戦を強いられ、あらためて刀剣が見直されるようになり、日本陸軍にもやはり刀が必要だと需要が高まりました。

　貞一は作刀を再開し、明治39（１９０６）年、皇室御用刀匠の帝室技芸員に任命されました。名誉ある地位に就き、刀工の頂点に立ったわけですね。

月山　私の父である2代目貞一（さだいち）のときは、第二次世界大戦で日本が敗れ、ＧＨＱから「武器製造禁止令」が出ました。家にある日本刀はすべて没収、材料となる玉鋼の生産も中断し、新しく刀を作ることも許されない状況になったのです。

　父は日本刀の技術を忘れないように、時折包丁を作っていました。「3日火を見なければ調子が狂う」と言われる鍛治屋の仕事。約7年もの間、いつか刀を作れるときが来ると信じ、耐えに耐えてその時を待っていました。親戚の家には刀身彫を施した綾杉肌の見事な包丁が残っています。

北川 幾多の苦難を乗り越えて800年を超える伝統技術を守ってこられたのですね。そうしてお父さまは昭和46（1971）年4月、人間国宝になられた。

中央区鎗屋町にある「月山貞一旧居跡」碑の前で

月山 大変な思いをしながら頑固に刀鍛冶を貫いた父は、喜びより、「ここまでの苦労が報われた」という何ともいえない表情をしていましたね。

父の後継を望む声が高まり、そのときちょうど大学を卒業した三男の私が継ぐことになりました。「天命」だと思っています。

現代は実用品としての需要はなくなり、もっぱら美術工芸品としての刀を作っています。子どもや孫の守り刀、還暦や創業・創立記念のお祝いなどに贈られる方もいらっしゃいます。

「真剣に」「太刀打ちできない」「反りが合わない」「もとの鞘に収まる」「一刀両断」など、刀に関する言葉は私たちの日常にあふれています。悠久の歴史の中で、日本刀は日本人の精神性の象徴となり、工芸美の域にまで高められました。先人の苦労を無にせぬためにも、一生修業やと思っています。

（2017年2月号）

第40回

ゲスト
大阪大学総合学術博物館教授
橋爪節也　さん

はしづめ・せつや
1958年、大阪市生まれ。東京芸術大学大学院修了。同大学助手から大阪市立近代美術館（仮称）建設準備室（現・大阪新美術館建設準備室）の学芸員となり、主任学芸員を経て現職。著書に『モダン心斎橋コレクション―メトロポリスの時代と記憶』、編著書『モダン道頓堀探検』『大大阪イメージ―増殖するマンモス／モダン都市の幻像』などがある。

近代大阪画壇の隆盛
上町台地から

今回のゲストは、近代大阪の美術が専門の橋爪節也・大阪大学総合学術博物館教授です。橋爪さんは大阪ミナミの繁華街、島之内に生まれ育ち、大阪のまちの風俗や文化にも精通しておられます。

明治から昭和初期の大阪では多くの画家が活躍しましたが、中でも上町台地エリアは大阪における美術振興に大きな役割を果たしてきました。

北川　橋爪さんは、大阪市が中之島に整備を進めている近代美術館（仮称）建設準備室の学芸員を長年務められました。近代の大阪画壇について研究されているわけですが、上町台地ゆかりの画家ではどのような人が挙げられますか。

橋爪　まず、日本画では大阪の女性画家の第一人者、生田花朝ですね。国学者で大阪を代表する文化人、生田南水の娘です。大阪では子女が一般教養として絵を習う風習があり、花朝は菅楯彦と北野恒富に教えを受けました。「浪速天神祭」という作品で、女性画家としては初めて帝展での特選受賞という快挙を成し遂げたんです。

北川　大阪城天守閣でも生田花朝の「四天王寺聖霊会図」「浪速天神祭」を所蔵しています。生田花朝の2人の師はいずれも、当時の大阪を代表する画家ですね。

菅楯彦は、情緒ある画風で大阪の歴史や風俗、郷土芸能を主題にした絵をたくさん残しています。

橋爪　そうですね。楯彦は四天王寺の舞楽を愛し、舞楽を題材にした作品を数多く描きました。夫人は宗右衛門町の名妓、富田屋八千代です。四天王寺舞楽協会の初代会長を務め、１９６２年には大阪市の名誉市民第1号になりました。

一方、北野恒富は、大阪から初めて日本美術院（再興院展）の同人となった美人画の大家です。最初は南地の芸妓を描いたほか、大正中期は、天王寺区上之宮町の「蔵鷺庵（ぞうろあん）」に寄宿しました。歴史を題材にした名作「淀君」「茶々殿」は、歴史豊かな上町台地の環境で描かれたのです。

北川　洋画家で有名なのは赤松麟作でしょうか。大阪城天守閣にも彼の作品があります。１９２５年に開かれた「大大阪記念博覧会」で、パビリオンの一つとして、天守閣が復興される前の大阪城の天守台に城郭風の建物「豊公館」が建てられました。その中で展示されたのが赤松麟作の「大坂築城図」と「大坂落城図」でした。

橋爪　赤松麟作は東京美術学校で黒田清輝に師事した後、大阪・梅田に洋画塾を開設しました。門下生に佐伯祐三がいます。その後洋画塾を勝山通りに移してアトリエも構え、さらに心斎橋筋二丁目の丹平ハウスに「赤松洋画研究所」を開きました。大

阪における洋画教育の先駆者です。
　同じく洋画家の松原三五郎は大阪府立中学などで図画教師を務め、退職後は阿倍野に「天彩画塾」を開きました。現在跡地には大阪市の顕彰碑が建っています。日本画家の池田遥邨（ようそん）も教え子です。
　東京や京都に比べ、大阪画壇には強い派閥による拘束が希薄で、師匠と弟子がそれぞれに活動する自由でのんびりした雰囲気がありました。
　恒富と麟作は戦後、大阪市立美術館内にできた美術研究所で講師を務めます。画塾や美術研究所の多さも大阪の特徴です。

先駆的だった市美

北川　１９３６年に大阪市立美術館が開館した意義は大きいものでした。現代に至る大阪の美術振興に大変大きな役割を果たしました。
橋爪　それまであった本町橋の大阪府立博物場の美術館や「第5回内国勧業博覧会」会場に設けられた美術館は、美術工芸を商品として見せる「見本市」のような館でした。
　一方の大阪市立美術館は、美術団体にギャラリーを貸す業務は別のものとして、国立博物館並みに学芸員の調査研究を重視して、所蔵品や寄託品の管理や、展覧会を企画する「本来の美術館」としての役割を大切に運営されてきました。両方の機能を備えた美術館は珍しく、大阪市は見識が高く先進的だったといえます。
北川　今でも全国の学芸員の多くが「行政職」「技術職」なのに対し、大阪市の美術館、博物館の学芸員は「研究職」に位置づけられています。これも、かつて大阪市の見識が高かったことを示しています。
　私たち学芸員は日頃の調査・研究をもとに展覧会を企画し、市民の皆様に研究成果を還元しているわけですが、学芸員の役割を軽視すると、美術館は、観客を動員しやすい、マスコミが仕立てた展覧会を持ってくるだけの単なる箱になってしまいます。当然のことながら、学芸員による情報発信の機会も乏しくなり、館の個性・魅力が失われていきます。

橋爪 残念なことに、最近のある調査によると、人口10万人あたりの美術館の数が大阪は全国の都道府県中、下から2番目だそうです。浪速風俗画をライフワークとした菅楯彦の研究や大回顧展は、彼の出身地である鳥取の県立博物館に先を越されました。けれども、天満天神繁昌亭の緞帳の絵は生田花朝の「浪速天神祭」を原画にしていますし、四天王寺や住吉大社の紙袋などのデザインにも花朝や楯彦の絵が使われるなど、大阪人から愛されています。また、上町台地のあちこちに画家たちの筆塚や顕彰碑、ゆかりの場所が点在しています。

江戸時代から近現代まで多くの画家を輩出した大阪画壇に行政も市民も関心を持っていただきたいと思います。このまちで生活する方々は、日常的に先人たちの作品を目にし、その息遣いに触れているわけですから。

（2017年3月号）

四天王寺にある菅楯彦の筆塚と生田花朝の句碑前で

第41回

ゲスト
漫画家
尼子騒兵衛さん

あまこ・そうべえ
佛教大学文学部史学科卒業。ペンネームは、尼崎に生まれ育ち騒々しいことから名付けた。執筆のほか絵画展、講演活動と幅広く活動中。「女忍者（くノ一）は年齢不詳」と年齢は公開していない。理想の男性は、元寇の際に活躍した肥後の武将、竹崎季長。趣味は日本刀や手裏剣、火縄銃などの収集。

<前編>

忍たま乱太郎　綿密な時代考証

今回のゲストは、NHK教育テレビで放映中のアニメ「忍たま乱太郎」の生みの親、漫画家の尼子騒兵衛さんです。

原作は1986年から朝日小学生新聞に連載している「落第忍者乱太郎」。一流忍者を目指して忍術学園で修行中の3人組のドタバタ劇を描いた物語です。93年にアニメ化され、親子で楽しめる番組として長く愛されてきました。

尼子 中学生の頃から歴史と絵が大好きで、パラパラ漫画を描いていました。商業誌で漫画家デビューしたときはまだ会社勤めの身。週末に漫画を描きためる生活でした。「落第忍者」の連載は当初、3カ月の予定でしたが、気が付けば30年。アニメ化されてからは漫画一本でいこうと決め、会社を辞めました。

忍者の話にしようと決めたのは、編集者からリクエストされたからです。小学生向けの新聞なので、忍者の学園ものがよいのではないかと。ドラえもんのように夢のある術やアイテムが次々出せればいい

けれど、自分で創作する忍術はいつか枯渇する。それならいっそリアリティーに徹しようと考えました。

北川 忍者に関心があって「乱太郎」が生まれたのではなく、連載のために一から忍者や忍術について勉強されたのですね。

尼子 そうなんです。物語は室町時代末期、忍者が活躍した戦国時代という時代設定です。忍者の術や武器、暮らしはどのようなものだったのか。忍者に関する資料は当時、ほとんどなくて苦労しました。

漫画は背景も詳細に描き込まねばなりませんから、建物の構造や道具類などもきちんと調べて描く必要があります。勉強して時代考証にはとことんこだわりました。

忍術をまとめた秘伝書「萬川集海（ばんせんしゅうかい）」「正忍記」「忍秘伝」も参考にしています。でも、文献や資料を見るだけでは分からないことも多い。甲賀に取材に行ったり、船大工さんに実際の船の模型を作ってもらったりしたこともありました。

北川 子ども向けの漫画ですが、きちんと歴史的な考証を踏まえて描いておられるのですね。すばらしいです。

尼子 いえいえ（照）。でも実は、窓枠や格子を描くのに大阪城の櫓（やぐら）も参考にしました。また、忍者には火薬が必須アイテムなのですが、忍術学園の火薬庫は日本で唯一、大阪城に現存する総石造りの火薬庫「焔硝（えんしょう）蔵」がモデルになっています。

北川 今や国民的アニメとなった「忍たま乱太

郎」に大阪城が関わっているなんて、本当に光栄です。我が家の息子も、子どもの頃、「忍たま乱太郎」の大ファンでした。

尼子 ありがとうございます！　ギャグ漫画なので、明らかにうそと分かる自転車や自動販売機は出てきます。でも、小判が出てくるというのは意味合いが違う。小判が流通するのは江戸時代初期からで、時代が違いますから。子どもが見てうそか本当か分からないもの、誤った知識を与えてしまうものはだめですね。

子どもは細かいところまでよく見ています。面白いネタでも根拠が定かでないものは描けない。相手が子どもだからこそ、うそがつけないんです。史実に裏打ちされたごまかしのないものを描こうと決めています。

消えゆく地名を名前に

尼子 十数年前から忍術学園に上級生の新キャラクターを登場させたのですが「食満（けま）留三郎」、「善法寺伊作」、「潮江文次郎」、「神崎左門」などキャラクターたちの名字は、私の生まれ育った尼崎の地名です。すると、名前を手掛かりにたくさんのファン、とりわけ若い女性のファンたちが尼崎を訪れるようになりました。

尼崎には由緒ある中世の地名が多く残っていました。地名は立派な「文化遺産」だと思うのですが、古い町名がどんどん消されていく。残念ですね。町名がそのまちの歴史を知る手掛かりになるのですが。

北川 現在の尼崎は工業都市というイメージが強いのですが、淀川水系の神崎川が大阪湾に流れ出す重要な地点に位置し、中世には神崎・大物など、京都と西国を結ぶ瀬戸内海水運の拠点として繁栄しました。

江戸時代には、尼崎城に有力な譜代大名が配置され、大坂城を防衛する政治的・軍事的な要衝でもありました。西は尼崎、南は岸和田、京都方面は淀、高槻などそれぞれの方面にお城が配置され、大坂城を守っていたのです。

尼子 ワクワクするお話ですね。青山氏時代の尼崎藩の職制表を見ると、「忍び頭」という役職が出てきます。その時代、尼崎にも忍者がいたということです。

北川　忍者といえば伊賀・甲賀が有名ですが、戦国時代には甲斐の武田氏や小田原の北条氏配下にも忍者がいましたし、江戸時代にも諸藩が忍者を召し抱えたので、全国各地に忍者がいて活躍したわけですね。

尼子　面白いですねぇ。それぞれの忍者が特性を持っていました。それらを表現したのが「真田十勇士」なのかもしれませんね。「真田十勇士」自体はフィクションですが、真田幸村の配下にはさまざまなタイプの忍者がいて、幸村のために働いた。それを10人のキャラクターに仕立て上げたのが「真田十勇士」だといえるのではないでしょうか。

　忍者・忍術について調べていると、修験道や密教が深く関わってきますので、そうした分野についても勉強しなくてはなりません。建物や武器、風俗はもちろん、漫画を描くためにはいろんな分野の勉強が必要で、いくら勉強してもこれで終わりということはありません。忍術というと荒唐無稽のように思われるかもしれませんが、たとえば「夜半（よわ）の嵐の術」というのは、逃げている時に石を池にポチャンと投げて、池に飛び込んだと思わせておいて、そのすきに逃げるという方法です。忍術には、なるほどと思わせられる術もたくさんあり、興味は尽きません。

　漫画を描くためにいろいろなことを調べ、それをギャグで伝える。大変ですが、楽しい作業です。

（2017年4月号、後編に続く）

各所にさまざまな仕掛けがある尼子邸玄関で

第42回

ゲスト 漫画家 尼子騒兵衛 さん

＜後編＞

忍術学園は子どものパラダイス

ＮＨＫ教育テレビで放映中のアニメ「忍たま乱太郎」の原作者、尼子騒兵衛さんと大阪城天守閣の北川央館長の対談後編。忍術学園で修行する忍者の卵たち（忍たま）の学園生活はどのように描かれているのでしょうか。

北川 主人公は、乱太郎、きり丸、しんべヱの男の子３人組ですが、それぞれのキャラクターは尼子さんが考案されたのですか。

尼子 そうです。乱太郎のビジュアル的なモデルは、実は私自身です。視力が悪くて、顔もぶつぶつで、髪の毛の量が少なくて（笑）。足が速くて絵が得意、３人組のまとめ役です。私は足は遅いですけど。

戦国時代なので戦で親を亡くした子もいるだろうと、アルバイトをしながらたくましく生きるのがきり丸。日本人が海外に雄飛した時代なので、堺の大貿易商の息子しんべヱというキャラクターを作りました。

北川 登場人物たちは大真面目ですが失敗ばかり。違った方向にどんどんずれていくおかしさがありますね。

尼子 関西人の性（さが）でしょうか。歴史が好きなので、歴史的な事で面白いと思った事を面白く人に伝えたい。その手段が、私の場合はギャグ漫画だったのです。

授業や試験ではいつも失敗続きの3人ですが、ユニークな先生や上級生、「くの一教室」の女の子などに囲まれて、学園はいつもにぎやかです。

「ギャグ漫画は楽しかるべきもの」が信条です。忍術学園にはいじめや陰湿な出来事はありません。そんな学園生活が今の子どもたちの目にはパラダイスに映るようです。

自宅はまるで忍者屋敷

北川 尼子さんは大学で日本史を専攻され、とりわけ中世に興味を持っておられるとのこと。文献史料だけでなく、刀剣や火縄銃なども収集されています。忍者道具のコレクターとしても知られ、自宅兼仕事場はからくり屋敷になっています。

尼子 本当は自宅の玄関を入ったところに落とし穴を造りたかったのですが、危ないからと止められました（笑）。

どんでん返しの扉の裏には隠し階段があり、上に抜けられます。掛け軸の裏や窓にも仕掛けがあります。地下室を造って穴を彫り、家の裏手に抜けたかったのですが、この辺りは海の近くで水が出るのであきらめました。その代わりに空井戸を掘りました。身を隠せるよう、空井戸の底に横向きに土管を埋めてあります。

そういえば大阪城にも抜け穴があると聞きましたが。

北川 本丸と二の丸の間の空堀に、東と西に二ヶ

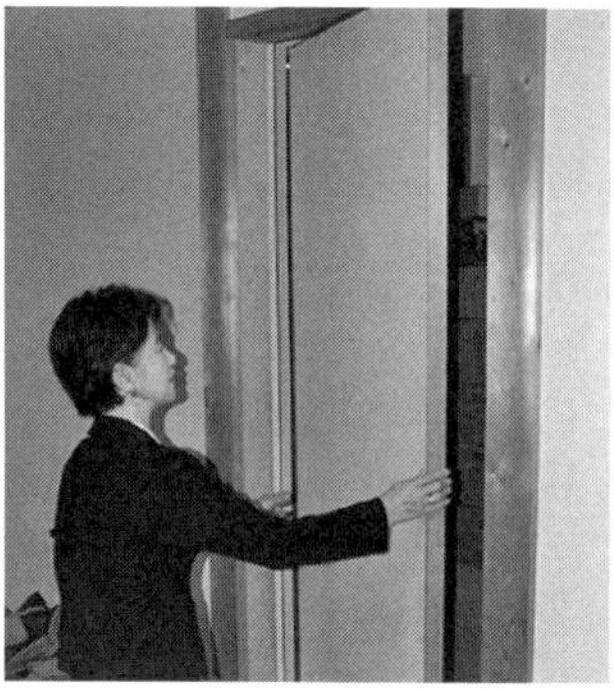

どんでん返し

尼子さんの手裏剣コレクション

所、石組が続いています。ふだんは雑草が生い茂り、そこに石組があること自体まったくわからないのですが、石組の内部は、人が前かがみになってやっと通れるくらいの通路になっています。私も潜ったことがありますが、石垣にぶち当たってちょっと下に向かい、そこで終わっていました。『金城聞見録』という史料には本丸の帯曲輪（隠し曲輪）から玉造口に地下の抜け道が続いていたと記されており、この石組が本丸と二の丸とを結ぶ抜け穴だったのではないかとする説もあります。

1995年に大阪で開催されたAPEC（アジア太平洋経済協力会議）では、世界各国の要人が出席する首脳会議が大阪城西の丸庭園の迎賓館で行われました。警備を担当する警察から「本当に抜け穴はないでしょうね」としつこく聞かれました（笑）。

尼子　（笑）抜け穴というのは夢がありますよね。私の小学校もお城の跡地に建っていたので、やはり抜け穴があると子どもたちが代々伝えていました。お姫様の幽霊が出るとか、首切り場だった場所は掘ったら人骨が出るとか。そんな話が山ほどありました。

子どもたちに忍者の話をすることもあります。忍者といえば手裏剣。何枚も手裏剣を持っていてシュシュシュシュと投げるシーンをよく見ますが、周りは全部刃になっているから、そんなことをしたら手が血だらけになってしまいます。弓と一緒で、相手をしっかり見て一本一本決めて「打つ」のが本当のやり方です。しかも馬糞を塗ったと秘伝書にはある。少しの傷でも破傷風になって死ぬのが狙いです。
子どもたちに「うんちで死にたくないよね」と言うと、みんな大笑いします。

北川 昨今はメディアなどで日本語が意図的に壊されつつあるのを見て、とても残念に思っています。「忍たま乱太郎」では言葉遣いにも配慮しているとうかがいました。

尼子 台本は毎回校正させてもらい、言葉をチェックしています。

例えば、友だち同士の会話では自分のことを「俺」でいいけど、先生の前では「僕」ですよね。細かいようですが、大切なところです。

「忍たまのお約束」はほかにもあります。流行を追わないこと。好いた惚れたはナシ。登場人物の子どもたちは最低限の礼儀を守っていること。放映当初から25年経った今も、その部分は変わっていません。

放映時間は、ちょうど保育所や幼稚園で子どもたちが保護者のお迎えを待っている時間帯です。多くの子どもたちが見てくれ、毎年新しいファンが生まれています。最近では親子三代にわたって見ているという方もいらっしゃる。うれしいですね。

尼子邸前にある忍たま乱太郎の石のオブジェ

「明るく・楽しく・愉快に」が「忍たま」の毎日のモットー。今のように便利なものがなかった時代に、人々がどんな風に努力し、工夫したか。私が面白いと感じたことを子どもたちにも伝えていきたいと思っています。

（2017年5月号）

第43回

ゲスト
中国古箏演奏家
伍芳 さん

ウー・ファン
中国・上海生まれ。1990年、上海音楽学校を卒業後来日。立命館大学在学中より演奏活動を始め、96年、東芝EMIよりデビューアルバム「箏心」をリリース。数々のアーティストとの共演やテレビ・ラジオ番組出演など意欲的に演奏活動を行っている。現在は作曲や教育活動にも力を注ぎ、教室を開いて古箏の普及にも努めている。

古箏　日中交流の架け橋に

今回のゲストは、中国に古くから伝わる楽器「古箏（こそう）」の演奏家、伍芳さんです。9歳より古箏の第一人者・王昌元氏の手ほどきを受け、最難関といわれる上海音楽学校を首席で卒業。来日後は、演奏活動やテレビ・ラジオ番組の出演など関西を拠点に活動を続けています。

2010年の上海万博では、日本館や上海万博芸術センターでオリジナル曲を中心とした音楽劇「彩虹橋（さいこうばし）」を上演しました。

北川央館長とはテレビ番組での共演がきっかけで親交が続いています。

伍芳 初めて来日したのは1988年の夏。京都大学に留学中の姉を訪ねて、両親と遊びに来たときです。

上海から船「鑑真号」に乗って36時間。大阪港に降り立ち目にした日本はとてもきれいで、近代的な建物やにぎやかな商店街など何もかもが新鮮で刺激的でした。当時の中国にはエスカレーターも公衆電話もありませんでしたから。アイスクリームの味を知ったのも日本です。

北川 中国が急速に発展する前の話ですね。当時の伍芳さんは学生だったのでしょうか。

伍芳 はい、上海音楽学校で学んでいました。毎年古箏専攻の生徒は１人しか入れない超難関校で、授業は厳しく、夏休みの課題も大量です。旅先であろうと一日たりとも練習を休むわけにはいかないので、私は古箏を持って日本に来ました。

そのとき、あるご縁がきっかけで京都で演奏する機会を設けていただき、生まれて初めてお客さんから拍手を頂いたのです。演奏後には「中国の風景が見えるよう」「山水画を見ているみたい」とうれしい感想まで頂き、とても感激しました。

お客さんの中にはお琴の先生もおられて「ぜひこの音楽を日本で紹介してほしい」とお誘いを受け、卒業後、日本に再び来ることになったのです。

北川 私も初めて伍芳さんの古箏の演奏を聴いたとき、これまで耳にしたことのない素敵な音色に感動しました。古箏は中国に古くから伝わる楽器なのですね。

伍芳 ええ。古箏は２５００年以上の歴史がある中国の伝統的な民族楽器で、日本の琴のルーツでもあります。

少し前まで高価で手に入りにくい楽器でしたが、中国経済が豊かになった今、多くの家庭に古箏があり、教養を高めたり子どもに習わせたりとピアノの次に人気の楽器になりました。

北川 伍芳さんは日本では京都の立命館大学に入られ、卒業後、東芝ＥＭＩからメジャーデビューし、本格的に演奏活動を始められたわけですが、2005年に私も企画にかかわった大阪市主催のイベント「大阪春めぐり」で人形浄瑠璃文楽と共演していただきました。

四天王寺の中心伽藍で伍芳さんの演奏に合わせて演じられた「曽根崎心中」はとにかくすばらしく、魂が揺さぶられたような思いがしました。感動の舞台でした。

伍芳 そのときのことはとても印象に残っています。「曽根崎心中」の最後に、お初・徳兵衛の2人があの世に蝶々になって飛んでいくというオリジナル・シーンを加え、私の古箏の演奏に合わせて人形遣いの桐竹勘十郎さんらの操るお初・徳兵衛が舞いました。

リハーサルは当日の1回だけ。私は人形の動きを見ながら演奏するわけではありません。人形の気配を感じながら演奏するのです。とても貴重な経験でした。

北川 本当に幻想的で、文楽の新たな可能性を見た思いがしました。

大阪城西の丸庭園で演奏していただいたこともありましたが、伍芳さんの音楽は日本の伝統的な文化や場所に違和感なく溶け込みますね。

伍芳 古箏は古典楽器ですから、歴史的なものとよく合うのでしょう。

私は日本のお寺や神社が大好きです。平安神宮では毎年「紅しだれ桜コンサート」が行われますが、そこで演奏すると、とても居心地がいいんです。花見で大阪城にも来たことがありますが、日本のお城も中国の建造物と共通点があり、親しみを感じます。

震災を乗り越えて

北川 伍芳さんにとってはたいへんつらい思い出になりますが、マネジャーでもあったお姉さんを阪神・淡路大震災で亡くされましたね。

伍芳 姉は京都大学を卒業後、大手の商社に勤めましたが、仕事をしながらずっと私の演奏活動を支えてくれました。コンサート・ツアーがどんどん忙しくなってきましたので、姉はその年の3月に商社を辞め、独立して会社を立ち上げようとしていたのです。その矢先の地震でした。

目の前が真っ暗になり、明日から何をして生きていこうかと途方に暮れ、ただただ泣くしかありませんでした。どう乗り越えたのかよく覚えていません。ただ、幸いなことに楽器は無事でした。

地震から1か月後、すぐに活動を再開しました。被災した留学生のためのチャリティーコンサートで演奏したのです。

大阪城の多聞櫓前にて

震災から5年経った頃、姉との思い出の場所だった神戸の六甲から夜景を眺めていました。すると遠くに光がきらめき、橋が見えた気がしました。あの橋を渡れば姉と再会できるという新曲「彩虹橋」は、この時生まれました。きっと心の描いた橋だったのでしょう。

北川　「彩虹橋」は大好きな曲の一つです。上海万博では、その「彩虹橋」というタイトルで音楽劇を上演されました。上海の人たちは、伍芳さん姉妹が中国・上海から日本に渡って頑張っていたことを知るよい機会になったのではないでしょうか。

伍芳　日中友好など全く考えずに日本に来て、ただ日本の皆さまに古箏という楽器を広めたい一心で活動してきました。それが両国の文化交流につながっていると気づいたのは最近のことです。

これからも古箏の演奏を通して、少しでも日本の皆さまに私の国に興味を持っていただき、中国の人には日本の良さを知ってもらいたい。演奏を通して両国をつなぐ役割を担っていけたらと思っています。

（新稿）

第44回

ゲスト

講談師

旭堂南陵 さん

きょくどう・なんりょう

1949年大阪府生まれ。大阪府立大学大学院修士課程修了。78年、「旭堂小南陵」を襲名。2006年、大阪芸術大学客員教授、四代目「旭堂南陵」を襲名。11年、寄席芸人として初めて博士号を取得。

朝の連続テレビ小説「あさが来た」などのドラマや舞台出演など幅広く活動する。消えゆく大阪弁の保存や大阪文化の継承にも力を注いでいる。

パロディーの面白さ 史実知ってこそ

史実と空想を織り交ぜた魅力ある語りで観客の心をつかむ講談。戦国時代の智将真田幸村や猿飛佐助ら「真田十勇士」など、大坂の陣で活躍したヒーローたちの物語は、上方講談『難波戦記』によって語り継がれ、広まりました。

今回のゲストは上方講談界の第一人者、旭堂南陵さん。穏やかな語り口で、決して平たんではなかった講談のこれまでの歩みを振り返りました。

南陵　親父は米屋と農業を営み、農協の理事も務めていました。

そんな父親の後を継ごうと近畿大学農学部に進学したのが運命の分かれ道でした。

「落語講談研究会」というのがありまして、「しゃべりがうまくなりたい」と思っていた私はこのクラブに入会し、そのまま講談の道に入ってしまいました。

先輩の紹介で、大学のすぐそばに住んでいた三代目南陵師匠の家に行きました。すでにたくさんの弟子がいるものとばかり思っていたら、誰もおれへん。

師匠ただ一人でした。

北川 娯楽の多様化で戦後、最も講談が衰退して、先代南陵師匠がたった一人で上方講談を背負っておられた時期ですね。

南陵 そうなんです。それでやめるわけにもいかず、大学3回生くらいになると師匠が酒を飲みながら「わしも一人やからなあ」と攻勢をかけてくるわけです。奥さんもそばで「うちのお父ちゃん、夜中に布団の上でじーっと考え込んでるねん。きっと後継者のことやと思うわ」と。

こない言われたら、もう弟子にならざるをえません。そのうち、「今、俺が覚えておかないと滅びたらどうにもならん」という強い使命感も芽生え、プロになる決意を固めました。保存のために講談本の収集を始めたのもこの頃です。

北川 当時はまだ道頓堀に中座や角座・浪花座・朝日座があって、芝居の町、劇場の町としてにぎわっていましたね。

南陵 でもやがて角座がなくなり、新花月も神戸松竹座もなくなりました。客が離れていくのを肌で感じました。

落語はその後、テレビの隆盛や落語ブームもあり、笑福亭仁鶴さんや桂三枝さんらが出て人気を取り戻していきます。かたや講談は長い低迷期が続きました。

そんなとき、落語家の桂米朝師匠がよく励ましてくれました。「層の薄い時期はあるねん。辛抱してやってたら、必ず講談ちゅう話芸は世間が見直すで」

と。その頃の上方講談はうちの師匠と私、そして弟弟子のたった4、5人でしたけど、地道にやっていましたね。

北川 先代の南陵師匠からはどんなやり方で稽古をつけてもらったのですか。

南陵 最初の頃はテープもない時代です。とにかく師匠がやるのをひたすら聞いて覚える。そして

家に帰って覚えていることを書く。その繰り返しでした。50歳を過ぎてからは、自分で新たに作った話は忘れるのに、若い時分に覚えた話はいまだに出てきます。

北川 ２０１６年11月にお弟子さん２人が襲名されました。小二三さんが五代目小南陵を、南陽さんが四代目玉田玉秀斎をそれぞれ継承されました。

南陵 玉田玉秀斎は、明治・大正期に活躍した大阪の講釈師です。「真田十勇士」を完成させたと言われています。

かねてから何とか「玉田玉秀斎」の名跡を復活させたいと思っていたのですが、大坂の陣４００年で盛り上がり、大河ドラマ「真田丸」が放映されている、このタイミングだと思い、決断しました。これ以上の時はないでしょうね。ようやく講談のことを世間の皆様に知っていただけるようになりました。

話芸のマジック

北川 私はなぜ講談に人気がないのだろうと考えました。すると簡単に答えが見つかったんです。

講談は史実のパロディーなので、ほんとうの史実を知っているから、パロディーを楽しめるわけです。でも今は、元になる史実をお客さんが知らない。これでは講談がおもしろくないのも仕方ありません。講談の物語を史実と勘違いしてそれで終わりです。でも、多くの方々が史実を知らないというのは、そもそも歴史研究者の責任です。それなら、私が史実を語ってから南陵さんの講談を聞かせたらどうだろうかと考えたわけです。

上方講談という大阪にとって大切な伝統芸能の継承・発展を目指して、南陵さんと私でコンビを組み、いろいろなところで、私の歴史の講演と南陵さんの講談をセットで聞いてもらいました。その上で、2人で面白おかしく「あんたは嘘つきや」「嘘つきはお前の方や」と議論を戦わせ、最後は、どちらが「正しい」かではなく、どっちが「面白かったか」で勝ち負けをお客さんに判断してもらいます。これを2人の名前から一文字ずつ取り、「南北戦争」と名付けましたが、今ではすっかりお客さんに浸透し、いつも大好評です。

一心寺境内の本多忠朝墓所にて

南陵　ある地方公演で真田幸村について語ったら、終演後、「幸村公はそんな方じゃない」と地元の郷土史家に取り囲まれて帰れなくなったことがありました。「講談はうそや」って言うてるのに。「講釈師　見てきたような　うそをつき」と申しますが、講談という芸を知らない人間が聞いたら、講談のうそも本当だと信じてしまうんですね。話芸のマジックです。

　でも、うそをつくためにはわれわれも本当のことを知っていないといけない。バックボーンにいろんな知識があるからこそ、芸に奥ゆきが生まれるのです。

　北川先生は、最新の歴史学の研究成果を紹介しながら「講談の見せ方」を工夫することを教えてくださった。本当に感謝しています。

北川　米朝師匠がおっしゃったように、時代が講談を呼び込んだのかもしれません。でも、私たちの地道な活動も今の講談人気に少しは貢献したのでしょう。

　講談は伝統芸能ですが、南陵さんは今も巧みに話を作り変え、現代人が聞いても楽しめるように演出を凝らしておられます。これこそ、「芸が生きている」証拠だと思います。

（新稿）

第45回

ゲスト
落語家
笑福亭仁智　さん

しょうふくてい・じんち
1952年、大阪府生まれ。71年、笑福亭仁鶴に入門。81年、桂文枝の誘いを受け「第四回創作落語の会」で初の新作「スタディベースボール」を口演、好評を得る。
95年、若手新作派の育成を兼ねて新作落語道場「笑いのタニマチ」をスタート、20周年の記念公演で文化庁芸術祭優秀賞を受賞した。

上方落語
新たなファン層の拡大目指す

笑福亭仁鶴さんとの出会いがきっかけで、この道に進んだという落語家の笑福亭仁智さん。これまでに新作落語を百本以上作り、新たなファンを開拓してこられました。

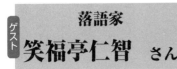

現在は上方落語協会の副会長を務めておられます。

北川　私は仁智さんが入門されて間もなく、仁鶴さん司会の演芸番組「夕焼け笑劇場」に出演されていたのを母方の祖母らと一緒に見ていました。懐かしい思い出で、大好きな番組でした。

そもそも落語家になろうと思われたきっかけは。

仁智　70年安保の前年だった高校2年の頃、僕は世の中全般に対して白けきっていました。勉強もしていない。進路指導では、自分に真面目なサラリーマンが務まるのだろうかと考えていました。

そんな時、たまたま師匠の独演会をテレビで見たんです。一人で高座に上がり、たった一言で「ワーッ」とお客さんがひっくり返る。すごいと思いました。「自分ですべての責任を負う仕事がしたい」と思い、

落語家になろうと決めました。

当時、師匠が出演していたラジオ局に電話して、連絡先を教えてもらいました。

その頃の大阪の落語家は3～40人程度。東京に比べて落語家の地位は低く、師匠から「もうからへんし、大変やで」と言われました。それでも「落語を覚えておいで。それで判断する」と言っていただき、ひと月かけて師匠の落語「池田の猪買い」をテープで覚えて披露しました。高校を卒業後、正式に入門を認められました。

北川 仁鶴さんや桂三枝（現・六代文枝）さんは、テレビの時代にタレント的な活躍をされる新たなタイプの落語家さんでしたね。

仁智 師匠は忙しい方でしたから、移動中の車の中が稽古場でした。僕は助手席に乗せてもらい、稽古をつけてもらったり番組の台本を読む相手をしたりしました。

時代は大阪万博、オイルショックを経て空前の漫才ブームです。ザ・ぼんち、B&B、西川のりお・上方よしおなどブームの立役者が同期でいて、一生懸命やってましたわ。

なんば花月ではいつも彼らがトップです。僕は二番手。大阪の笑いは漫才、新喜劇、その次が落語で、落語が一番上位に来ることはありません。今でもそうです。

北川 仁智さんは新作落語に挑まれました。新作は新たなファンを増やすきっかけにもなったのでは。

仁智　入門して10年経った頃、三枝さんに「君のしゃべり方は新作の方がええで」と創作落語の会に誘われました。

古典落語はたしかに面白いけれど、若い私がしゃべってもしっくりこない。ずっと悩んでいました。

僕は野球が好きで、ある新聞に『野球部の成績が悪ければ高校野球の地方大会に出場させない』と校長が言った」という記事が載っているのを見ましてね。野球しながら勉強ができるように、ヒットを打ったら一塁で問題が出て、正解したらセーフ、間違ったらアウト、という噺をやったんです。意外とウケましてなー（笑）。

「こんな笑い、どう思う？」と同世代のお客さんに投げかけると、思いもよらない面白さがあると受け止めてもらえた。新作落語にはパワーがあると感じました。

創作と古典の両方をやりながらあっという間に20年近く経ち、伊勢参りですわ。

北川　大坂から伊勢までのお伊勢参りの道中を描いた落語「東の旅」さながらに、その道程を実際に歩きつつ、途中で落語会を開催されたんですね。

仁智　それまでの僕は何一つやり遂げたものがありませんでした。師匠に相談したら「夏に行け」と。暑さの厳しい時に行くからこそ応援してもらえるんやと。

8月10日に玉造稲荷神社から出立することにし、宮司さんをお訪ねしたら、「夏は行けませんで。私も夏に行こうと出ましてんけど、暑うて玉造駅でやめましたわ」とジョークで励まされました。

それでも新聞社に落語会の会場の提供を呼びかけてもらい、取材を受けて話題に上り、10カ所で落語会を開きながら一門4人、7日間かけて170㎞を歩き切りました。達成感がありましたね。

上方落語　次の10年へ

北川　仁智さんは昨年から、上方落語協会の副会長をされています。落語家の数が増え、「天満天神繁昌亭」も出来て上方落語を取り巻く環境は大きく変わりましたね。

仁智　「落語の定席を」という上方の落語家たち

の夢が10年前についにかないました。でも、次の10年のことを考えるべき時期に来ています

大阪の笑いは庶民的です。吉本や松竹の新喜劇、漫才、落語や講談など、とにかく明るくて笑いが盛りだくさん。同じ土俵でやっていくには、落語ももっとプロモーションに力を入れていかねばなりません。

玉造稲荷神社境内の「伊勢迄歩講起点」碑前で

北川 繁昌亭は上方落語にとって大きな起爆剤になりましたが、初期のように繁昌亭見たさに来る客は減り、落語そのものや落語家を選んで来るようになりましたね。

仁智 昨年から、繁昌亭の椅子や音響の改修を進めていますが、一番大事なのはハコの中身の充実、つまり「落語家の育成」です。

若手が出演する機会を増やすとともに、会社員や出張で来阪した人向けの夜の時間帯の寄席の開催など、新たなファン層を広げる仕掛けを考えています。

北川 そのようなことをお考えになる仁智さんはもはや上方落語の重鎮ですね。さすが副会長です。

仁智 僕は頑張る若い子にお客さんを呼んでもらって、いつまでも「ふぇーっ」としていたい。「このおっさん、歳食うてるのに何やってんねんなー」と言われる感じが理想なんです（笑）。

（新稿）

第46回

ゲスト
地震考古学者
寒川旭 さん

さんがわ・あきら
香川県出身。1979年東北大学大学院理学研究科博士課程修了。理学博士。通商産業省工業技術院地質調査所入所。2001年4月産業技術総合研究所主任研究員。東京大学生産技術研究所客員教授、京都大学防災研究所客員教授などを歴任。著書に「地震の日本史」「日本人はどんな大地震を経験してきたのか」「歴史から探る21世紀の巨大地震」など。

遺跡が伝える地震の痕跡

遺跡の発掘調査で見つかる地震の痕跡から、過去の地震の発生時期や被害状態などを調べ、将来起こりうる地震の予測や被害の軽減をめざす「地震考古学」。地震学と考古学の2つの異なる学問の融合から生まれたこの新しい研究分野を提唱したのが寒川旭さんです。

寒川さんは「地震国である日本で暮らすわれわれは、過去の地震から多くの知識と教訓を得る必要がある」と訴え続けています。

寒川 もともと地質学が専門で、主に活断層の調査・研究に携わっていました。

滋賀県高島郡の今津町役場（現、高島市）を訪ねたとき、たまたま居合わせた発掘調査の担当者から「遺跡で地震の痕跡が出るとしたらどんなものか」と尋ねられました。大地震の際には液状化現象がよく見られるので、「地面が引き裂かれ、下から砂が上がってくる『噴砂』の痕跡が出やすい」とお話ししました。すると、まさにその通りの事例があるというのです。

現場に行くと、地下の砂層から砂が上昇して、縄文時代の甕棺や土壙墓（どこうぼ）が引き裂かれていました。砂は通常、横に堆積するはずなのに、縦に積もる砂は考古学的に説明がつかない。担当者が困っていたんです。

京都府八幡市の木津川河床遺跡でも同じような事例があることが分かりました。噴砂は中世の土器が含まれる地層を引き裂き、その上には江戸時代の地層が覆っていました。

こんな現象を引き起こしたのは、安土桃山時代の1596年9月5日（文禄5年閏7月13日）に起きた慶長伏見地震しかない。遺跡に残る痕跡と日記や古文書の記述を照らし合わせると、地震の起きた年代まで絞り込むことができるのです。

北川　考古学者の疑問と寒川さんの関心が偶然結びついたのですね。阪神・淡路大震災を機に、活断層や地震そのものに世間の注目が集まるようになりました。

寒川　阪神・淡路大震災の被災地に行ったら、被災者が「神戸は地震の起こらない所だと思っていた」「地震は静岡や東京で起こるものじゃないのか」と言うのです。

でも、神戸にも活断層はあるし、豊臣秀吉の時代にも地震で大きな被害が出た。六甲山だって地震の繰り返しで隆起した山です。そんな過去の地震の話は、誰もが知っているものだと僕は思い込んでいたんです。

地震の周期は何百年とか何千年と長いので、親から子へと伝えられる話ではありません。私たち地震研究に携わる者は、きちんと世に成果を伝えていく

寒川　阪神・淡路大震災よりはるかに規模の大きな地震でした。京都・山崎の辺りから神戸を通って淡路島・洲本周辺までの１００㎞にわたる断層が一度に活動したのです。

北川　当時の秀吉にとってはたいへん大きな衝撃だったと思います。秀次事件の翌年でしたし、朝鮮出兵もうまくいかず、重税を課された民衆の間には不満の声が充満していました。そうした中での大地震でしたから、政権の崩壊が秀吉の頭をよぎったかもしれません。

大阪市街にも津波

北川　東日本大震災では大津波が甚大な被害をもたらしました。災害の直後は世間の関心が一気に高まりますが、時間が経てばそれもだんだん薄れがちになります。被災された方々は今なおたいへん苦しんでおられるというのに……。

寒川　東日本大震災の次に発生が予測されているのは、西日本の太平洋沿岸です。過去の地震を見ると、南海トラフ地震が21世紀中に起きるのは間違

使命があると、この時肝に銘じました。

北川　慶長伏見地震では、須磨寺の堂塔が倒れ、参籠していた巡礼者１５０人が下敷きになり、兵庫の湊でも民家が一軒残らず崩れ、火災が起き、大きな被害が出ました。大坂城も、天守と極楽橋以外はすべて倒壊したと記録にあります。ものすごい被害だったわけですが、それがすっかり忘れられてしまったということですね。

いありません。そのときいちばん大きな被害を受ける大都市が、ここ大阪なんですよ。

地震発生後、まず太平洋の沿岸部に大津波がやって来て、大阪市街には1時間40分ほどで到達します。特に怖いのは、川をさかのぼってくることです。昔の絵図にもその様子が描かれていますよね。

北川　1854年（嘉永7年）の安政南海地震で川が逆流し、停泊していた千石船が押し流された様子が当時の瓦版に描かれています。道頓堀に架かる橋を大黒橋まで次々となぎ倒し、東に向かってさかのぼりました。

寒川　南海地震といっても規模は毎回違います。前回の昭和の南海地震は小さく、津波が来なかったので、「大阪には津波が来ない」と思っている方が多いかもしれません。でも、もう一つ前の南海地震では違った。歴史的な流れの中で見ると地震の性質がよく分かります。

北川　今は江戸時代と比べて住んでいる人の数も違いますし、地下街も広がっています。怖いですね。

寒川　地震は物理現象で、難解なイメージを持たれがちですが、将来の地震に対処するという意味では「歴史を知る」ことが大きな役割を果たすでしょう。

高津宮付近の上町台地の断崖を背に

いつ地震が起きてもおかしくない時代です。私たちは過去の地震の歴史を学ぶ必要がある。必要最低限の知識をみんなが共有していたら、対処のしようもあり被害の軽減に結びつきます。

北川　どの地域でどんな地震が過去にあり、どのような被害が出たのか。過去の記録を現代の問題に生かす地震考古学は、まさに今を生きる私たちに警鐘を鳴らす学問ですね。

浪速区幸町に残る「安政大津波の碑」にも、1707年（宝永4年）に起こった宝永地震の被害を忘れてしまったから、今回もまたこれほど大きな被害に見舞われたのだと記され、この経験を今後に活かさねばならないと諭しています。先人が残してくれた教訓を、今こそ思い起こしたいものです。

（新稿）

第47回

ゲスト
歌舞伎俳優
片岡愛之助 さん

かたおか・あいのすけ
堺市出身、在住。1981年十三代片岡仁左衛門の部屋子となり歌舞伎界へ。1992年、片岡秀太郎の養子となり、六代目片岡愛之助を襲名。テレビドラマでも活躍。

大坂の陣400年を機に大阪の歴史を見直したい

愛之助 今日は北川館長からいろんなお話を伺いたいと思って楽しみにしておりました。

北川 最近の研究によって、今までにはなかった新しい解釈が生まれて来ているんです。従来は秀吉が亡くなって、関ヶ原の合戦が起こり、家康が勝利して征夷大将軍となり、豊臣家は一大名に転落し、最後には大坂の陣によって滅亡したというのが通説でした。

愛之助 僕もそういう風に認識していましたね。豊臣が徳川に負けた戦だと習った記憶があります。

北川 秀頼の研究がずいぶん進みまして、その結果、秀頼は徳川の支配下にあった一大名なんかではなかったという事がわかってきました。

愛之助 関ヶ原で豊臣は負けたのですから、徳川の家臣になったのではないのですか。

北川 関ヶ原合戦は徳川家康と石田三成という、豊臣家にとっては家臣同士の戦いにすぎませんでした。家康が征夷大将軍になっても、毎年正月には朝廷から、天皇の使いである勅使以下、公家全員が、わざわざ大坂城の秀頼に挨拶に来たことがわかって

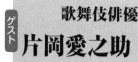

います。また全国的に大きな影響力があったことも証明されています。あの出雲大社や熊野三山、信濃の善光寺も秀頼が現地の大名に命じて復興されているのです。

愛之助 それは新しい発見ですね。どういう理由で解ってきたのですか。

北川 当時の書簡や公家の日記など、リアルタイムの史料を見ることができる環境が整って来たんですね。豊臣家の家格は、徳川家よりも上でした。

摂政や関白になれる「摂関家」の豊臣家、徳川家はその下の「清華家」という家格にすぎませんでした。

愛之助 イメージとしては、大坂が江戸に負けた戦だったと思っていました。

北川 大坂の陣から400年という節目に秀頼時代の豊臣家の実像、そして大阪城を中心とした大阪の歴史や文化を内外に再認識してもらう機会にしようというのが大坂の陣400年天下一祭（大坂の陣400年プロジェクト）の大きな狙いなのです。

愛之助 そういった新しい発見などをお聞きすると、ロマンを感じますね。

北川 大坂の陣をモチーフとした歌舞伎の演目には『近江源氏先陣館』『鎌倉三代記』などいくつもありますが、江戸時代にはたいへん人気のあった演目だったそうです。登場人物を鎌倉時代の人間に置き換えて上演していました。

大阪は歴史の街、世界に総体として示したい

愛之助 帰って来ると安心します。良い意味で、ごちゃっとした所がすごくいい。大阪のお客様は芸

に対してはとてもシビアです。だから大阪で演じる時は気分的に違います。

北川　かつて、道頓堀五座があった時代、伊勢参りの後に大坂に立ち寄って千両役者の片岡仁左衛門を観るのが、庶民の憧れでした。

愛之助　そういう話を伺うと、本当に嬉しいですね。その時代から街の中心はやはり大阪城だったわけですね。

北川　最近は外国人のリピーターが多くなっているのが特徴です。常に新しい研究成果を情報発信する大阪城天守閣でありたいと思います。

愛之助　天守閣の見える場所で何か演じてみたいと思っています。江戸歌舞伎と上方歌舞伎の両輪で発展して来たという事実を、観光に来る世界中の人々にアピールしたいですね。

北川　大阪に歴史観光という分野を確立し、伝統芸能なども含めて総体としての大阪の魅力を世界中に示していきたい。大阪城がその旗ふり役になれればと思っています。

（『ぴあＭＯＯＫ関西　大坂の陣４００年天下一祭公式ガイドブック』より）

あとがきにかえて――学芸員生活三十年

＊文中、個人名に続く（　）内は現在の肩書です。

本書は、地域情報紙『うえまち』一〇四号（二〇一三年十二月号）～一四五号（二〇一七年五月号）に計四十二回連載した「対談シリーズ　大坂の陣四〇〇年と大阪城」に、五人の方との対談を新たに加え、一書にまとめたものである。ゲストの方の肩書・プロフィールなどは、全て『うえまち』掲載当時のものである。

私は一九八七年一月一日付で大阪城天守閣の学芸員に採用され、今年の正月で三十年が過ぎた。

私は神戸大学文学部・同大学院文学研究科で日本史学を基礎から学んだ。指導教官は、戦後を代表する日本中世史の研究者であった戸田芳實先生（故人）で、日本近世史の高尾一彦先生（故人）・藤井譲治先生（京都大学名誉教授・石川県立歴史博物館館長）、日本近現代史の鈴木正幸先生（神戸大学名誉教授）からも指導を受け、大学院生のときには横田冬彦先生（京都大学教授）が助手として着任された。

三学年上には杉本史子さん（東京大学教授）・川合康さん（大阪大学教授）・西谷地晴美さん（奈良女子大学教授）、二学年上には藤田達生さん（三重大学教授）・布川弘さん（広島大学教授）、一年上には奥村弘さん（神戸大学教授）・市澤哲さん（神戸大学教授）といった錚々たる先輩方がおられ、基礎的な史料の読み方から研究の進め方、学会活動など、日々さまざまな指導を得、たいへん恵まれた環境の中に身を置くことができた。

また、大阪教育大学附属高等学校平野校舎の先輩で、クラブ活動の先輩でもある本郷真紹さん（学校法人立命館理事補佐・立命館大学教授）が京都大学に進まれ、やはり日本史学を学んでおられたので、本郷さんからお声をかけていただき、学部生時代から京都大学の大学院生の研究会にも参加し、本郷さんのほか、鬲尾達哉さん（鹿児島大学教授）・田島公さん（東京大学教授）にたいへん厳しく指導いただいた。京都大学ではほかに、西山良平さん（京都大学名誉教授）・元木泰雄さん（京都大学教授）・寺内浩さん（愛媛大学教授）・吉川真司さん（京都大学教授）からもいろいろと指導・助言を得た。

神戸大学時代の私は日本古代史専攻で、とりわけ古代の神社制度や神話を研究テーマとし、大学教官になって研究を続ける道を目指していたのであるが、大学院修士課程二年のときに大きな転機が訪れる。二学年上の石川知彦さん（龍谷大学龍谷ミュージアム副館長・龍谷大学教授）は、私と同じ日本古代史専攻であったが、大学院進学時に日本美術史に移られ、一九八四年に大阪市立美術館に学芸員として就職された。その石川さんが自身企画の初めての展覧会『西国三十三所観音霊場の美術』（一九八七年四月二十八日〜六月七日）を開催されるにつき、手伝って欲しいと言って来られ、私は展覧会準備の調査をお手伝いすることになったのである。

学部生時代に教員免許とともに学芸員資格を取得していた私ではあったが、正直、学芸員という仕事がどういうものか、まるっきりわかっていなかった。石川さんのお手伝いをするうちに、徐々にその内容がつかめて来て、次第にその仕事に魅せられていった。自分自身、もともとは仏像や寺院建築、城郭建築、古墳といった文化財が大好きで日本史学の世界に飛び込んだことを思い出した。現状は文字史料を読み、解釈して、それをもとに立論するという作業に四苦八苦していたが、そもそもは文字史料だけでなく、絵画や彫刻、建築、石造品といったさまざまな文化財を史料として駆使し、彩り豊かな歴史像を描きたいと思っていたことにも、あらためて気づかされた。

それからの私はただひたすら学芸員を目指すようになり、募集があれば、どんな小さな館であろうと受けるつもりであったが、なかなか学芸員の募集はなかった。そんな折、山口大学を卒業して神戸大学大学院では私の一年下にいた加納真人さん（鳥取県立境高等学校教諭）の山口大学時代の同級生で、当時岡山大学の大学院生であった山田昭彦さん（岐阜県博物館学芸部課長補佐・人文係長）が大阪城天守閣で学芸員を募集しているとの情報をお知らせくださった。締切寸前ではあったが、何とか間に合い、受験したところ、幸い合格することができた。

当時大阪城天守閣は、中村博司さん（元大阪城天守閣館長）が大阪市教育委員会の文化財保護課に異動された後で、学芸員は主任（館長職、のち「館長」に職名変更）の渡辺武さん（元大阪城天守閣館長）と内田九州男さん（愛媛大学名誉教授）のお二人で、私は中村さんの後任として中途採用された。それまで古代史中心に学んできた私は、お二人のもとで、大阪城の歴史や大阪城天守閣の収蔵資料、大阪城天守閣における学芸業務などについて、一から勉強させていただいた。

大阪城天守閣に入って五年目に、先輩学芸員である内田九州男さんが愛媛大学に転出されることになり、六年目から私は、渡辺武館長のもとで大阪城天守閣の学芸部門の責任者になった。十年働いてようやく一人前とされる学芸員の世界であるから、六年目の若僧など、どこからもまともに相手にしてもらえなかったが、精一杯背伸びをして、大阪城天守閣を理想の博物館施設にすべく、日夜奮闘を続けた。

渡辺武さんのあと、中村博司さん、松尾信裕さん（大阪歴史博物館研究主幹）が館長を務められ、私の肩書きも主任学芸員、研究副主幹、研究主幹と変化したが、大阪城天守閣の学芸部門の責任者としての立場に変わりはなく、二十二年間、その職責を果たしたのち、二〇一四年からは館長に就任した。

この間、一貫して私を支え続けてくれたのは宮本裕次さん（大阪城天守閣研究副主幹）・跡部信さん（大阪城天守閣研究副主幹）の二人である。宮本さんは四年下、跡部さんは六年下であるが、私と違い二人は学部生の頃から近世史を学んできた「プロ」で、彼ら二人の地道な調査とすぐれた研究の成果がなかったら、こんにちの大阪城天守閣はなかったと断言できる。織豊期は跡部さん、徳川期は宮本さんが中心になって、次々と新たな研究を世に問い、その成果に基づいた展覧会を開催することで、博物館施設としての大阪城天守閣、研究機関としての大阪城天守閣の評価を飛躍的に高めてくれた。近年はさらに瀬島宏計さん・岡嶋大峰さんという二人が宮本さん・跡部さんの指導を受け、大阪城天守閣学芸員として日々成長を遂げている。

ところで、私は神戸大学の学部生、大学院生時代にいくつかの文化財保護運動にかかわり、手痛い敗北を喫した苦い経験をしている。当時は高度経済成長期からバブル経済へと向かう真っ只中で、日本全国で「発展」という美名のもと、貴重な文化財が次々と破壊され、姿を消した。日本史や考古学の学会は、それらの文化財を守るため、市民グループなどと手を携え、高名な歴史学者・考古学者の講演会、シンポジウムなどを開催して、それぞれの文化財の重要性を強くアピールした。中には地域が開発派と文化財保護派の二つに分かれ、それが争点になって首長選挙が行われたこともあったが、健闘空しく、結果は開発派の勝利に終わり、文化財は失われた。

私は、学会やこれほど高名な先生方が懸命に訴えても文化財保護派が市民の中で多数派にならないことを思い知らされた。一度姿を消してしまったら、二度と元には戻らないのに、それでも一般市民の多数派が文化財の破壊をよしとしてしまうことに愕然とした。

私たち学芸員の仕事は調査・研究・普及に大別できるといわれ、それらを通して、学芸員は、文化財を保護し、よりよい状態で後世に伝えていくことに最大の責務がある。

私は、どうすれば文化財保護派が多数派になるような成熟した社会を作ることができるのか、必死に考えた。そのために私は、試行錯誤を繰り返しながら、大阪城天守閣での三十年間を費やしたと言っても過言ではない。

新聞や雑誌に一般向けの文章をたくさん書き、講演活動にも力を注いだ。

NHKの「その時歴史が動いた」、朝日放送の「歴史街道～ロマンへの扉～」、eo光テレビの「歴史ろまん紀行」をはじめ、たくさんの歴史番組の監修を務め、「プリンセス トヨトミ」「真田十勇士」などの映画や時代劇、ＯＳＫ日本歌劇団のミュージカル「真田幸村～夢・燃ゆる」「ＹＵＫＩＭＵＲＡ―我が心　炎の如く―」、宝塚歌劇団とＯＳＫ日本歌劇団のＯＧ合同公演「大阪城パラディオン―将星☆真田幸村―」「永遠のカンパニージャー―鬼小十郎と真田幸村―」、関西俳優協議会の「大坂夏の陣　踊るシジフォス！１６１５」「大坂夏の陣１６１５　城は燃えてもオレたちは！」「浪華の夢～城を築くぞ！オレたちの～」といった舞台作品の監修も務めた。

　文化財保護運動での敗北から、私は、「重要だ」「大切だ」といくら連呼してもそれだけでは市民合意を形成できない、との教訓を得た。「重要だ」「大切だ」という前に、歴史のおもしろさ、文化財の魅力を多くの人に知ってもらうことの方が先ではないか。それさえわかってもらえれば、文化財保護の市民合意は案外成立するのではないか――そう考えた私は、新聞・雑誌・講演会・歴史番組・映画・時代劇・舞台作品など、さまざまなものを通して、一人でも多くの方に歴史のおもしろさ、文化財のすばらしさを知ってもらおうと力を尽くしてきた。

　私がさまざまな歴史・文化イベントの開催にかかわり、イベント内容の企画・監修に携わったのも、とにかくたくさんの人に歴史や文化財に興味・関心を持って欲しいとの願いからである。

　私が企画にかかわった主なイベントは、「夏の大阪城まつり―伝統芸能フェスティバル」（大阪城天守閣主催、一九九九・二〇〇〇年）、「大阪歴史三景（のち大阪 歴史の夢舞台）」（「四季のイベント月間創出事業」実行委員会主催、二〇〇一～二〇〇六年）、「大阪春めぐり」（「四季のイベント月間創出事業」実行委員会主催、二〇〇三～二〇〇九年）、「オーサカキング」（毎日放送主催・大阪市共催、二〇〇四～二〇〇八年）、「歴史シンポジウム　この地で歴史が動いた」（大阪市・ＮＨＫ大阪放送局主催、二〇〇二～二〇〇八年）、「大阪歴史ウォーク」（大阪市・ラジオ大阪主催、二〇〇二～二〇〇八年）、「熊野街道ウォーク」（大阪再発見プログラム実行委員会主催、二〇〇四～二〇〇八年）、「大阪ウォーク」（大阪市・財団法人大阪市スポーツみどり振興協会・社団法人日本ウォーキング協会主催、二〇〇九・二〇一〇年）、「ＫＡＮＳＡＩウォーク」（産経新聞社主催、二〇一〇年～）、「大阪平成中村座」（関西テレビ放送主催、二〇一〇・二〇一五年）などである。

通常なら歴史の講演会はせいぜい一〇〇人程度の聴衆相手に開催されるのに、「歴史シンポジウム　この地で歴史が動いた」ではあの広いＮＨＫ大阪ホールが超満員に膨れ上がった。飛鳥や奈良・京都ならともかく、大阪のど真ん中でやって人が集まるのかと揶揄された「大阪歴史ウォーク」では出発地点の四天王寺境内を数千人の参加者が埋め尽くした。大阪城公園を舞台にした「オーサカキング」は、毎年九日間の開催であったが、いちばん多かった年には90万人もの参加者で賑わった。

私には十分な手応えが感じられた。歴史ファンは着実に増えていると実感することができた。

この本で対談相手を務めてくださったゲストの多くはこうした私の活動の中で知り合った方々で、皆さんがそれぞれの分野の第一人者である。たいへん魅力的な方ばかりで、お付き合いさせていただく中で、私自身学ぶことも多く、得たものもたいへん大きい。「大坂の陣四〇〇年と大阪城」の対談も毎回ほんとうに楽しくお話しさせていただいた。芸能人・文化人の方々は、我々歴史の研究者や学芸員に比べてはるかに発信力を有しておられ、こうした方々が歴史や文化財について発言してくださったり、書いてくださったりするだけで、多くの人が歴史や文化財の方を振り向いてくれる。芸能人・文化人の方が発すると、たいへん強い遠心力が加わり、多くの方々に、より広範囲の方々にまで情報が届くのである。私にとって、ゲストの皆さんはとても心強い味方である。

二〇一一年、大阪城天守閣は一九三一年の復興から八〇周年を迎え、私は「大阪城天守閣復興八〇周年記念プロジェクト」を立ち上げ、さまざまな記念事業を展開した。そしてこれは二〇一四年の大坂冬の陣四〇〇年、二〇一五年の大坂夏の陣四〇〇年を見据えての助走でもあった。私は二〇一四・二〇一五年の二年間を「大坂の陣四〇〇年」と位置付け、学術的に大坂の陣を再検証するとともに、大坂の陣という歴史的な大事件を通じて、大阪の歴史・文化の魅力を広く発信したいと思い、「大坂の陣四〇〇年プロジェクト」を提案した。当時大阪市経済戦略局理事で、長年手を携えて大阪市の文化・観光行政を推進してきた堤道明さん（一般社団法人セレッソ大阪スポーツクラブ理事）とともに、各社・各団体をまわり、「大坂の陣四〇〇年プロジェクト」の意義を説明し、同プロジェクトへの参加を要請した。こうして、大阪府、大阪市、関西経済連合会、関西経済同友会、大阪商工会議所、大阪観光局、関西・大阪二一世紀協会、歴史街道推進協議会、大阪市博物館協会、朝日新聞社、毎日新聞社、読売新聞社、産経新聞社、日本経済新聞社、NHK大阪放送局、朝日放送、毎日放送、関西テレビ放送、読売テレビ放送、テレビ大阪、大阪放送（ラジオ大阪）、エフエム大阪、西日本旅客鉄道（JR西日本）、近畿日本鉄道、阪急電鉄、阪神電気鉄道、南海電気鉄道、京阪電気鉄道などで構成される「大坂の陣四〇〇年プロジェクト実行委員会」が立ち上がり、「オール大阪」で大坂の陣四〇〇年に取り組む体制ができあがった。委員会が承認し、民間企業や市民団体などが主催した参加事業だけでもおよそ四〇〇が実施・開催されるなど、大坂の陣四〇〇年は大いに盛り上がった。大阪城天守閣の入館者数も、例年のアベレージが一二〇〜一三〇万人であったところ、大坂冬の陣四〇〇年の二〇一四年度が一八三万八三五四人となり、大坂夏の陣四〇〇年の二〇一五年度には二三三万七八一三人を記録し、大阪築城四〇〇年まつりが開催された一九八三年度の二一二万四七九〇人を抜いて、史上最高記録を更新した。さらに翌年にはNHK大河ドラマで大坂の陣をテーマにした「真田丸」が放映され、入館者数は二五五万七三九四人となって、二年連続で史上最高記録を塗り替えた。

本書のもとになった地域情報紙『うえまち』の「対談シリーズ　大坂の陣四〇〇年と大阪城」も、「大坂の陣四〇〇年プロジェクト」参加事業の一つとして連載したものである。

当初、『うえまち』の発行母体であるNPO法人まち・すまいづくりの竹村伍郎理事長からは、拙文を『うえまち』で連載して欲しいと頼まれたのであるが、当時私は産経新聞紙上で長期連載を続けており、加えて朝日新聞、週刊うえだ（長野県上田市）での連載も内定していたので、とてもこれ以上の連載は不可能な状況にあった。けれども、『うえまち』には日頃から大阪城天守閣の展覧会・イベント情報を掲載いただくなど、たいへんお世話になっているので、無下に断ることもできず、「原稿執筆は難しいが、対談なら」と返事をしたことで、「対談シリーズ　大坂の陣四〇〇年と大阪城」の連載が決まった。

二〇一三年一二月号から始まった連載は、「大坂の陣四〇〇年プロジェクト」終了にともない二〇一六年四月号で終了の予定であったが、大河ドラマ「真田丸」の放映が決まったことで一年延長することとなり、さらに最終回が二回に分けて掲載されることになったため、また一回延びて、最終的に二〇一七年五月号で終了となった。

既に書いたとおり、毎回のゲストには、私の友人・知人の芸能人・文化人・研究者に登場いただいた。かなりの有名人に出ていただいたが、皆さんノー・ギャラでご協力くださった。ほんとうに感謝している。豪華な顔ぶれのゲスト陣のお蔭で、読者にもたいへん好評であったとうかがっている。

ゲストに関しては、連載開始の時点で候補者をリストアップさせていただいたのであるが、残念ながらお声がけもできずに終わってしまった方もたくさん出てしまった。今回の書籍化にあたり、その中から四人の方々に追加で対談をお願いし、さらに『ぴあＭＯＯＫ関西　大坂の陣４００年天下一祭公式ガイドブック』に掲載した片岡愛之助さんとの対談記事を転載させていただいた。お忙しい中、対談に応じてくださった四人の方と、転載をご快諾いただいた片岡愛之助さん、ぴあ株式会社関西支社にこの場をお借りして厚く御礼を申し上げたい。

連載当初から終了後に書籍化することを考えていたが、出版は昨年拙著『大坂城と大坂の陣―その史実・伝承』を刊行いただいた新風書房にお願いすることとした。新風書房は、大阪の郷土雑誌『大阪春秋』を粘り強く刊行し、大阪の歴史・文化に深い理解を示す出版社である。前著に引き続き出版をご快諾くださった福山琢磨社長には深く感謝申し上げる。
そして、「対談シリーズ　大坂の陣四〇〇年と大阪城」連載期間中、何かとお世話になった発行母体のNPO法人まち・すまいづくり竹村伍郎理事長、毎回対談に立ち会いいただき、テープ起こし・原稿化にも尽力くださった『うえまち』の西坂友秀編集長、山田志保子さん、毛利聡子さんにもあらためて感謝の意を表したい。
本書の刊行により、『うえまち』の読者以外にも、広くこの対談を読んでいただけるのはほんとうにうれしく、たくさんの方々に大阪城や上町台地の歴史、大坂の陣に関心を抱いていただければ、著者としてこれ以上の喜びはない。そして対談のお相手を務めてくださったゲストの方々は、皆さんとても素敵な方ばかりなので、これを機にゲストの方々の著書を読んでいただいたり、ゲストの方が出演される舞台や寄席、コンサート会場などに足を運び、その魅力に触れていただければ、なおさらありがたい。

最後に私事でたいへん恐縮であるが、二〇一四年九月十二日に父北川英夫が亡くなり、二〇一六年十一月五日に母北川田鶴子がこの世を去った。父は享年八十五歳、母は享年八十二歳であった。父は二〇一三年三月に脳内出血で倒れ、一年半寝たきりの闘病生活を送ったので、この「対談シリーズ　大坂の陣四〇〇年と大阪城」を読むことはできなかったが、母は父の介護をしながら、毎回この対談を読むのを楽しみにしていた。フリーアナウンサーの木村真弓さんとの対談が載った二〇一六年十一月号が母の読んだ最後の回になったが、亡くなるまで枕元にはずっとその『うえまち』と前著『大坂城と大坂の陣』が置かれていた。最期まで私の活動を応援してくれた両親に本書を捧げたい。

北川　央

【著者略歴】

北川　央（きたがわ・ひろし）

1961年大阪府生まれ。神戸大学大学院文学研究科修了。1987年に大阪城天守閣学芸員となり、主任学芸員・研究主幹などを経て、2014年より館長。この間、東京国立文化財研究所・国際日本文化研究センター・国立歴史民俗博物館・国立劇場・神戸大学・関西大学など、多くの大学・博物館・研究機関で委員・研究員・講師を歴任。織豊期政治史ならびに近世庶民信仰史、大阪地域史専攻。著書に『大坂城と大坂の陣』（新風書房）、『なにわの事もゆめの又ゆめ』（関西大学出版部）、『大阪城ふしぎ発見ウォーク』（フォーラム・A）、『神と旅する太夫さん』（岩田書院）、『おおさか図像学』（東方出版、編著）、『大和川付替えと流域環境の変遷』（古今書院、共編著）、『大坂城　絵で見る日本の城づくり』（講談社、監修）、『大坂の陣 豊臣方人物事典』（宮帯出版社、監修）、『肖像画を読む』（角川書店、共著）、『シリーズ近世の身分的周縁２　芸能・文化の世界』（吉川弘文館、共著）、『戦国の女性たち』（河出書房新社、共著）、『漂泊の芸能者』（岩田書院、共著）、『大坂・近畿の城と町』（和泉書院、共著）、『浅井長政のすべて』（新人物往来社、共著）、『直江兼続の新研究』（宮帯出版社、共著）、『近世民衆宗教と旅』（法蔵館、共著）、『浅井三姉妹の真実』（新人物往来社、共著）、『江史跡紀行』（新人物往来社、共著）、『秀吉の虚像と実像』（笠間書院、共著）、『家康と播磨の藩主』（神戸新聞総合出版センター、共著）など多数。

大阪城・大坂の陣・上町台地

――北川央　対談集――

発行日　平成二十九年十月十五日（初版）ⓒ

著者　北川　央

編集　地域情報紙『うえまち』編集局

発行所　㈱新風書房

543-0021　大阪市天王寺区東高津町５―17

TEL　06―6768―4600

FAX　06―6768―4354

印刷所　㈱新聞印刷出版事業部